ETNOGRAFIAS URBANAS

Dados Internacionais de Catalogação na Publicação (CIP)
(Câmara Brasileira do Livro, SP, Brasil)

Etnografias urbanas : quando o campo é a cidade /
  José Guilherme Cantor Magnani... [et al.] –
Petrópolis, RJ : Vozes, 2023.

  Outros autores: Enrico Spaggiari, Mariana Hangai, Rodrigo Chiquetto, Yuri Bassichetto Tambucci

  Bibliografia
  ISBN 978-65-5713-867-0

  1. Antropologia 2. Ciências Sociais 3. Etnografia
I. Magnani, José Guilherme Cantor.

23-142940   CDD-300

Índices para catálogo sistemático:
1. Ciências Sociais 300

Aline Graziele Benitez – Bibliotecária – CRB-1/3129

JOSÉ GUILHERME CANTOR MAGNANI
ENRICO SPAGGIARI
MARIANA HANGAI VAZ GUIMARÃES NOGUEIRA
RODRIGO VALENTIM CHIQUETTO
YURI BASSICHETTO TAMBUCCI

ETNOGRAFIAS URBANAS
QUANDO O CAMPO É A CIDADE

EDITORA VOZES

Petrópolis

© 2023, Editora Vozes Ltda.
Rua Frei Luís, 100
25689-900 Petrópolis, RJ
www.vozes.com.br
Brasil

Todos os direitos reservados. Nenhuma parte desta obra poderá ser reproduzida ou transmitida por qualquer forma e/ou quaisquer meios (eletrônico ou mecânico, incluindo fotocópia e gravação) ou arquivada em qualquer sistema ou banco de dados sem permissão escrita da editora.

CONSELHO EDITORIAL

Diretor
Volney J. Berkenbrock

Editores
Aline dos Santos Carneiro
Edrian Josué Pasini
Marilac Loraine Oleniki
Welder Lancieri Marchini

Conselheiros
Elói Dionísio Piva
Francisco Morás
Gilberto Gonçalves Garcia
Ludovico Garmus
Teobaldo Heidemann

Secretário executivo
Leonardo A.R.T. dos Santos

Editoração: Fernando Sergio Olivetti da Rocha
Diagramação: Sheilandre Desenv. Gráfico
Revisão gráfica: Lorena Delduca Herédias
Capa: Renan Rivero
Ilustração de capa: Enrico Spaggiari, José Guilherme Magnani, Mariana Hangai e Rodrigo Chiquetto

ISBN 978-65-5713-867-0

Este livro foi composto e impresso pela Editora Vozes Ltda.

Sumário

Prefácio, 9

Introdução, 15

Parte I – Linhagens, 19

1 Os nomes do Outro, 21
    O Selvagem, 22
    O Primitivo, 24
    O Diferente, 27
    Agora somos todos nativos, 30

2 Etnografia urbana, 35
    A Escola de Chicago, 39
    Escola Livre de Sociologia e Política e a USP, 44
    A descoberta da periferia, 48

3 O método etnográfico, 56
    As categorias, 56
    Procedimentos, 63
    Surdos: uma experiência, 68

Parte II – Fazeres, 75

4 Preparativos, 77
    Ensino e aprendizado, 79
    Ler etnografias, 82
    Cultivo da espontaneidade, 84

Construção da pesquisa, 88
Preparação para o campo, 91
A escolha dos instrumentos, 94
Educação da atenção, 100

5 Trabalho de campo, 103
Uma nova perspectiva: a observação participante, 103
Estratégias do fazer, 107
Ser aceito, 114
Construção da relação, 119
Ser afetado, 126
Engajamento, 132

6 Texto etnográfico, 135
Alguns marcos teóricos, 136
O processo de escrita etnográfica, 141
O diário, 142
Do bom e velho caderno ao relato de campo, 146
Relato de campo, 151
O relatório de pesquisa, 153
Outras "escritas", 162

Parte III – Experimentos, 167

7 Pesquisa coletiva: antecedentes, 169
Pesquisas coletivas pelo Brasil, 177
Núcleo de Antropologia Urbana, 186
EtnOcupação, 191
Grupo de Etnologia Urbana, 195

8 Por um protocolo de pesquisa coletiva, 202
Construção do protocolo de pesquisa coletiva no Sesc-SP, 210
Alguns *insights* sobre cidades e gerações, 220
Resultados práticos da pesquisa, 229

9 Experimentos de antropologia extramuros, 231
   Etnografia coletiva sobre os danos aos bens imateriais na bacia do Rio Doce, 237
   Etnografia coletiva multilocalizada: Escolas Ativas no Brasil, 250
   O ensino do método etnográfico: a experiência de formação nos CEUs – Centros de Educação Unificada, 258
   Perspectivas para uma antropologia extramuros, 269

Considerações finais, 273

Posfácio, 279

Referências, 295

Prefácio

Claudia Fonseca
Professora titular de Antropologia
da Universidade Federal do Rio Grande do Sul (UFRGS)

A antropologia – essa área "que se quer arte, mas se comporta como uma profissão" – tem pescado adeptos nos mais diversos cantos desde sua acepção. O desejo de fazer sentido de outros modos de vida, outras maneiras de pensar, se evidenciou no olhar de viajantes novecentistas que, dependendo do *status* que ocupavam (conquistador, colono, explorador, missionário), pintavam os mais variados retratos do "outro". Para esses precursores da Antropologia, ciência da diversidade, o empreendimento só podia ser "interdisciplinar". Nada estranho, portanto, que esse volume tenha apelo para um leque imenso de pessoas – de arquitetos, geógrafos e engenheiros a professores, psicólogos e trabalhadores sociais – querendo aprender os modos de fazer da etnografia justamente para entender os mundos, diversos e desafiadores, com que convivemos atualmente.

A iniciação ao ofício, porém, passa necessariamente pelas lições da história. Assim, este livro abre com os antropólogos ditos "de gabinete" que, até o início do século XX, colecionavam materiais sobre povos "exóticos", encaixando-

-os em categorias preestabelecidas de selvagem, primitivo etc. Contra esse pano de fundo, fica evidente o quanto o método etnográfico, inaugurado por uma nova geração de pesquisadores (Franz Boas, Bronislaw Malinowski, entre outros) viria a chacoalhar as pré-concepções evolucionistas. Avançando da "experiência etnográfica" ao desenvolvimento de uma prática profissional, a vivência "de perto e de dentro" do campo passaria a produzir modelos para o entendimento do mundo até então impensados.

Retomamos assim nas primeiras páginas deste volume, e sempre numa linguagem sumamente acessível, a rica história do método etnográfico que, carregado por jovens pesquisadores como Lévi-Strauss, no âmbito da missão francesa na USP, não tardou a chegar no Brasil. Aprendemos como, também nesses primeiros anos, pesquisadores da Escola Livre de Sociologia e Política (ELSP) estabeleceram uma parceria com investigadores da Universidade de Chicago para expandir o raio de temas submetidos ao método. Etnógrafos se dirigiam agora para campos bem mais próximos de casa – comunidades rurais, favelas urbanas –, todos inegavelmente integrados na sociedade "complexa". Dessa maneira, folheando as páginas deste livro, nós leitores tomamos conhecimento não só dos clássicos, mas também dos pioneiros da etnografia no Brasil – de Antônio Candido a Ruth Cardoso, Eunice Durham e outros –, cujo legado se materializa justamente na produção do Laboratório do Núcleo de Antropologia Urbana (LabNAU, FFLCH/USP), equipe que anima os capítulos que seguem.

O fundador do LabNAU, José Guilherme Magnani, no seu texto introdutório, rende homenagem à vasta produção dos antropólogos, em particular brasileiros, que enriqueceu a tradição etnográfica. Ademais, brinda-nos com o relato de suas próprias experiências que, desde a *Festa no pedaço* (sua obra seminal sobre formas de lazer e sociabilidade nos bairros periféricos de São Paulo), vêm se diversificando muito. Ao detalhar as contribuições de tantos autores diferentes, apresentando inúmeras cenas de campo, nos leva a reconhecer como, apesar de certas linhas gerais (a observação de cenários, a identificação de atores e a busca de regularidades), as balizas metodológicas que guiam os passos do etnógrafo são reinventadas conforme cada novo objeto.

A praça frequentada por jovens skatistas (*gays*, cinéfilos ou grafiteiros) não se entende adequadamente por noções clássicas (laços de parentesco, relações de vizinhança etc.), mas exige abordagens originais que captam a dinâmica dos múltiplos pertencimentos, trajetos e circuitos sob observação. Quando deslocado do teatro circense num bairro periférico para a Galeria do Rock no centro da cidade, o cenário de investigação, visto antes como "pedaço" com contornos bem delimitados, passa a ser mais inteligível quando pensado como "mancha", perpassada por personagens de múltiplas origens e de fronteiras borradas. Numa trajetória de experimentação contínua, o pesquisador segue, como num jogo de quebra-cabeça, juntando observações fragmentadas para buscar uma visão coerente da vida social. A astúcia é que, diferente de um *puzzle* convencional, a imagem a ser produzida se redefine conforme cada nova peça que se encaixa.

Ao rever as infinitas anedotas restituídas dos cadernos de campo, o leitor aprende que mesmo as saídas aparentemente fracassadas podem ensinar muito. Vejamos, por exemplo, a frustração de Magnani quando ficou durante horas completamente isolado – sem nenhum contato pessoal – no meio de uma multidão de surdos que não paravam de rir e se comunicar (em língua de sinais) entre eles. Foi só ao redigir suas anotações de campo que se perguntou: Será que não tinha experimentado algo semelhante ao que as pessoas surdas experimentam quando, num ambiente dominado por "ouvintes", são completamente ignoradas em sua diferença? Através desse tipo de interlocução, visando a incorporação de saberes "alternativos" normalmente silenciados, a análise se estende além do já conhecido ditado "somos todos 'nativos'" para a percepção de que "somos todos antropólogos". É desse modo, descrevendo os variados e criativos procedimentos e fazeres, que esse texto – que não se quer "manual" (pois não existe receita para a etnografia) – nos guia da experiência à prática e, de volta, à experiência (agora amadurecida) etnográfica.

Mas, para além da clara exposição, passo a passo, dos procedimentos inerentes à prática do ofício (construção do objeto, escolha de instrumentos, relações intersubjetivas, processos da escrita etc.), uma das maiores originalidades deste volume é sem dúvida o destaque dado à pesquisa etnográfica *coletiva*. Os autores nos lembram como, não obstante a fama de ter sido inaugurada por desbravadores solitários (e.g., Malinowski), a etnografia se realiza também por equipes desde os primeiros institutos de pesquisa. Das expedições de Boas entre os inuit, às missões francesas no continente africano e os célebres estágios do CFRE[1] no próprio território francês, tanto a formação de novas gerações quanto a própria pesquisa etnográfica têm se apoiado na coordenação de grupos.

Nesse sentido, o LabNAU tem uma experiência acumulada de literalmente décadas, compartilhada generosamente pelos integrantes do grupo em toda a última parte deste livro. Descrevem, por exemplo, o processo de EtnOcupação quando, em 2007, certo professor de Antropologia I conseguiu inspirar seus estudantes a realizar uma atividade de greve, etnografando a própria ocupação da reitoria da USP. Contudo, também incluem a descrição de pesquisas coletivas montadas em resposta a demandas de assessoria institucional: a avaliação dos danos a bens imateriais decorrentes do rompimento da barragem de rejeitos em Mariana, por exemplo, ou as relações entre povos tradicionais e as cidades da região amazonense. Quer seja para fornecer subsídios para o tombamento de determinado patrimônio histórico, quer seja para entender a motivação dos frequentadores de certa organização de lazer, esse tipo de pesquisa requer uma tremenda coordenação de esforços. Por um lado, a demanda é formulada em geral em termos que extrapolam os limites da lógica acadê-

---

1. Centre de Formation aux Recherches Ethnologiques. Musée de l'Homme, Paris.

mica, exigindo a negociação de saberes disciplinares muito diversos.

    Por outro lado, existe o desafio de integrar a riqueza da pesquisa etnográfica, realizada pela prática de cada pesquisador, na reflexão e síntese necessárias à produção de uma "resposta" coletiva. Os autores deste livro socializam os resultados de seus múltiplos "experimentos" com esses desafios, descrevendo didaticamente um conjunto de técnicas usadas para produzir respostas adequadas. Com isso, leva ao cabo sua proposta não só de assegurar a relevância social e política da pesquisa para as pessoas com as quais trabalhamos, mas de garantir novas oportunidades para o exercício extramuros do ofício, levando os diversos modos de fazer da etnografia para dentro da nossa realidade contemporânea.

Introdução

A pesquisa em Antropologia, seja na cidade, no campo ou na aldeia – e agora também em novas formas de interação social *on-line* –, começa antes da coleta de dados. Como qualquer outra prática de investigação, supõe uma preparação com base no legado teórico da disciplina e nas formas de observação, registro e análise do material colhido.

É preciso deixar claro, logo de início, que não há uma só maneira de fazer etnografia. Neste caso em particular, trata-se de uma sistematização da maneira como determinadas pesquisas – que deram origem a dissertações, teses, relatórios de iniciação científica em final de curso e a trabalhos solicitados de fora da academia – foram realizadas ao longo das atividades do Laboratório do Núcleo de Antropologia Urbana da Universidade de São Paulo (LabNAU-USP).

De coletivos de jovens na periferia de São Paulo a indígenas em aldeias urbanas em Manaus – passando por temas como religiosidade, lazer, gênero, apropriações de espaços urbanos, formas de mobilidade –, esses e outros recortes colocaram desafios, pois, se os agentes sociais são continuamente instados a elaborar soluções diante das vicissitudes do cotidiano, os pesquisadores também são obrigados a contínuos experimentos em seus métodos de trabalho de campo.

A proposta aqui desenvolvida leva em conta os modos de operar etnográficos realizados nos inúmeros centros universitários e de pesquisa no país, em diferentes contextos; todos, contudo, com base em um legado comum – as monografias de autores clássicos que estabeleceram os fundamentos da disciplina – mas abertos às particularidades de seus recortes, às reflexões teóricas contemporâneas e ao diálogo com outras áreas de conhecimento.

Este livro, além de especialmente dedicado a jovens estudantes de Antropologia em seus começos de estudo e incursões a campo, dirige-se a pesquisadores tanto das Ciências Sociais afins – Sociologia, Ciência Política, Geografia – como de outras áreas, Arquitetura e Urbanismo, Comunicação, Ciências da Saúde, cada vez mais interessadas na contribuição da Antropologia em geral e de seus instrumentos de pesquisa, em particular. O tom, coloquial em algumas partes deste texto e, em outras, argumentativo e sistemático, tem como finalidade justamente atingir um público mais amplo, não especialmente familiarizado com a terminologia da disciplina, mas que deve ser apresentado aos autores de referência, tanto clássicos como atuais.

Trata-se, enfim, do desdobramento de um processo de reflexão a partir das experiências de pesquisadores e pesquisadoras com diferentes trajetórias, graus de formação e temas de interesse, que tinham como espaço comum de atuação o LabNAU-USP e uma forma de trabalhar coletiva e compartilhada. Nesse sentido, ainda que o processo de escrita tenha sido dividido, como revelam os diferentes estilos adotados em cada uma das três partes do livro, pode-se considerar uma obra de autoria coletiva, pois os temas foram discutidos em conjunto pelos cinco autores, integrantes de uma das equipes vinculadas ao LabNAU, a *Argonautas – Pesquisa etnográfica*.

Não se trata de um "manual de etnografia", definindo um modo de fazer específico, pois é impossível encapsular num modelo rígido a complexidade e diversidade de um método reconhecido por sua flexibilidade e capacidade criativa diante de situações que exigem dele uma constante atualização. Afinal, não existe só uma forma de fazer etnografia.

O livro está dividido em três partes, cada uma com três capítulos. A primeira, escrita por José Guilherme Cantor Magnani, apresenta uma sintética exposição da constituição da disciplina; em seguida aborda como algumas escolas e autores trabalham com o método etnográfico em diferentes contextos urbanos e, para fechar esta primeira seção, detém-se nas categorias, procedimentos e estratégias etnográficas desenvolvidas em pesquisas individuais e coletivas e postas em prática pelos integrantes do LabNAU-USP que, se não foram todos explicitamente citados, seu trabalho é a base da reflexão desenvolvida no conjunto do livro. A primeira parte conclui com um exercício silencioso, mas comunicativo e pleno de experiências...

As partes seguintes, II e III, escritas por Enrico Spaggiari, Mariana Hangai Vaz Guimarães Nogueira, Rodrigo Valentim Chiquetto e Yuri Bassichetto Tambucci, da *Argonautas –Pesquisa etnográfica*, tematizam não só questões mais práticas e experiências concretas, como também levantam inquietações, incômodos e desafios comuns aos processos de pesquisa. A segunda parte aborda etapas e momentos importantes do processo de pesquisa etnográfica, desde a formação de pesquisadores e preparação para iniciar a investigação, passando por questões específicas do momento da observação participante e apresenta finalmente o processo de escrita e elaboração do texto etnográfico.

A terceira, com base em trabalhos já concluídos, revela algumas estratégias e possibilidades práticas a partir do que foi apresentado nos capítulos anteriores: um levantamento e reflexão sobre antecedentes de pesquisas coletivas e compartilhadas. Por fim, no último capítulo, são trazidas outras experiências de pesquisa, realizadas fora do ambiente acadêmico, que demonstram o alcance e desafios para a realização desse tipo de investigação. Assim, ao apresentar experiências de pesquisas concretas, esta seção, fechando o livro, enfoca mais o processo de construção da pesquisa e menos os resultados de cada uma delas.

Concluindo, as indicações aqui apresentadas têm como referência uma tradição disciplinar e institucional bastante específica, mas é possível e desejável que outras formas do trabalho etnográfico venham a ser cotejadas com o que propõe *Etnografias urbanas: quando o campo é a cidade*. O diálogo entre diferentes perspectivas é fundamental, por isso esperamos que as reflexões deste livro sirvam a novos/as e veteranos/as pesquisadores em suas próprias reflexões teóricas e metodológicas.

Parte I

Linhagens

José Guilherme Cantor Magnani

1
Os nomes do Outro

Pode parecer estranho começar um livro que se propõe apresentar a Antropologia Urbana e seu método para pesquisa em cidades contemporâneas com um retrospecto até a Antiguidade Clássica. Mas há uma relação entre esses dois momentos que permite situar, na longa duração, as mudanças nas indagações suscitadas pelo encontro com o Outro e que vão constituir o núcleo das questões da Antropologia como disciplina acadêmica.

Esse retorno já traz um primeiro nome – βάρβαρος –, termo grego utilizado para designar os estrangeiros, os que não falam a língua de Homero, que gaguejam sons ininteligíveis: para alguns estudiosos o termo seria uma onomatopeia, sem significado próprio. Mesmo assim, o historiador Heródoto de Halicarnasso no século V a.C., em suas viagens e também acompanhando expedições militares, descreveu os costumes desses povos – rituais religiosos, vínculos familiares, sistemas políticos, hábitos alimentares e vestimentas –, todos muito estranhos, se comparados com os de sua cultura. E a expressão, com sentido pejorativo, subsistiu.

É um dos tantos exemplos, ao longo da história, do estranhamento – e também do interesse – que o contato com o diferente produz; um outro caso – e dando um salto no tempo, para o século XIII – é proporcionado pelo navegador veneziano Marco Polo. Os relatos de suas viagens à China e dos contatos com o Imperador Kublai Khan – apesar das controvérsias que cercam seus escritos – também dão testemunho do cuidado com as diferenças entre contextos tão longínquos, as cidades italianas renascentistas e o Extremo Oriente[2]. Muitos outros exemplos de viajantes, exploradores e aventureiros ao longo da história dão conta das vicissitudes dos contatos com esses Outros desconhecidos[3].

O Selvagem

Assim, retomando a trajetória da Antropologia, o primeiro nome que o *Outro* recebeu, na literatura acadêmica, foi o *Selvagem* que, etimologicamente, quer dizer morador da selva. Como é que surge essa denominação? A Antropologia como disciplina acadêmica só se consolida na segunda metade do século XIX, mas houve antecedentes que marcaram sua emergência. Durante o período conhecido como das Grandes Navegações, a Europa – até

---

2. O escritor Ítalo Calvino ([1972] 2017), em *As cidades invisíveis* (*Le città invisibili*), oferece uma interessante versão ficcional desse encontro em que o imperador chinês Kublai Khan é quem está interessado nas diferenças com as culturas europeias de onde vem seu interlocutor. O *Outro*, ali, era o veneziano.

3. A expressão "Os nomes dos Outros", item constante no programa da disciplina Introdução às Ciências Sociais (FLA0101) FFLCH/USP, redigido em 2015 e que seria ministrado por mim no primeiro semestre do ano seguinte, é também título do livro de Iracema Dulley (2015), cuja leitura recomendo, mas cabe menção a essa coincidência para evitar mal-entendidos.

então fechada, circunscrita ao Mediterrâneo – rompe seu isolamento e se aventura oceanos afora, rumo aos confins do mundo. Pense-se no imaginário desses navegadores que se lançaram por mares desconhecidos: os mapas da época, repletos de ilustrações de monstros marinhos, dão uma ideia do que temiam encontrar nas travessias e com o que podiam se deparar em seus desembarques.

Os relatos, quando do encontro com os habitantes dos novos continentes, retratavam essas fantasias, como a suposta tribo só de mulheres, as *amazonas*, por exemplo. Daí o espanto com o corpo, com os hábitos alimentares e com a fala: a onomatopeia dos portugueses para o que consideravam sons inarticulados dos selvagens era *algaravia*, num certo sentido correspondente ao *bárbaro* dos gregos. Assim, esses *selvagens*, moradores da selva, eram vistos mais na chave da animalidade do que com a de humanos.

Tais eram as narrativas de marujos, negociantes, agentes coloniais que alimentaram as discussões nos centros intelectuais do século XVIII. Esse *Selvagem*, o primeiro nome do *Outro*, gerava, porém, controvérsias. Como é amplamente conhecido, o filósofo Jean-Jacques Rousseau concebia-o como "bom selvagem", imerso na natureza, sim, mas por isso mesmo ainda não contaminado pelos preconceitos da sociedade, o que resultou numa visão romantizada; já outros, como o jurista italiano Giambattista Vico, tinham uma visão contrária: *selvagem* é aquele que decaiu de um plano paradisíaco, do Éden, para um estágio animalesco.

Assim, havia uma polêmica filosófica, jurídica e também religiosa em torno da questão, pois os missionários que foram junto com os colonizadores, com o propósito de converter os pagãos, depararam-se com a dúvida: Esses selvagens têm ou não têm alma? Questão de consequências não só teológicas; pois, se não a têm, pertencem ao reino animal, sendo permitido apresá-los e até exterminá-los para a conquista do território e de suas riquezas. Mas, se providos de alma, fazem parte da humanidade, foram redimidos pelo sangue de Cristo e a missão é convertê-los e batizá-los. Um missionário com esse propósito obviamente não poderia fazer um relato dos mais fidedignos, por exemplo, de um ritual religioso, uma cerimônia de iniciação ou de cultos totêmicos: em sua visão etnocêntrica, aquilo era obra do demônio...[4] Então, toda sutileza, que hoje a pesquisa reconhece nas cosmologias dos chamados povos não ocidentais, era lida e interpretada nessa perspectiva.

O Primitivo

Foi preciso um novo aparato conceitual e de método para estabelecer um contato de outra ordem com a população dos territórios conquistados e não ficar à mercê apenas dos relatos preconceituosos dos comerciantes, dos religiosos, dos agentes coloniais em geral. Nessa nova conjuntura, muda o nome do *Outro*: não mais o *Selvagem*, mas o *Primitivo*.

Eram já tempos da primeira fase da Revolução Industrial quando o interesse econômico com as populações de

---

4. Etnocentrismo é a atitude de julgar um costume, um traço, uma crença etc. de uma cultura a partir do ponto de vista da própria cultura.

povos distantes mudara de perspectiva e, com ela, também a visão que deles se fazia: já não eram apenas obstáculos à predação dos recursos naturais, mas também parceiros de uma relação comercial, com seus produtos primários para escambo com os industrializados dos países centrais. Portanto a polêmica, fossem animais ou humanos, se tinham alma ou não, estava ultrapassada: pertenciam sim à humanidade, mas... estavam num estágio atrasado da evolução. De *Selvagens* para *Primitivos* e este é o novo nome do *Outro*, nesta fase. Eles ainda não tinham conseguido chegar ao nível dos países centrais já industrializados como os britânicos, por exemplo, mas talvez com sua "ajuda", quem sabe...

E quem são esses parceiros? Como vivem, o que têm para trocar, quais suas habilidades? Quando se faz uma parceria é preciso minimamente estabelecer pontos de contato, e é nesta conjuntura que surge, na segunda metade do século XIX, a Antropologia como disciplina acadêmica. De certa forma, pairou sobre ela a acusação de que teria surgido, na esteira do imperialismo, justamente com essa missão. Na verdade, os primeiros sistematizadores chamados de "antropólogos de gabinete", pois não saíam da Europa para estudar as populações indígenas, trabalhavam com informações de segunda mão; mesmo assim fizeram reflexões muito instigantes. Há um autor, James Frazer, que reuniu mitos de várias partes do mundo que então se descortinava e escreveu o livro *O ramo de ouro* ([1890] 1978), aliás muito lido também em determinados círculos de psicanálise que nele identificam *arquétipos* universais.

Se esses primeiros antropólogos nunca viram um indígena de frente e trabalhavam com dados que provinham de terceiros, não especialistas, seu esforço, contudo, foi além de referendar a figura do selvagem subjugado pela natureza; havia o propósito de articular aquelas informações em um esquema explicativo. E esse primeiro esquema organizava o processo evolutivo em três etapas sucessivas: estágio da "selvageria", seguido da "barbárie" e finalmente da "civilização".

Aplicado à constituição da família, por exemplo, tal esquema produzia a seguinte organização: o que caracterizaria o estágio mais atrasado, o da "selvageria", era a ausência de regras: o acasalamento era aleatório, fortuito, ainda movido por impulsos naturais, animalescos; no seguinte, o da "barbárie", essas relações, já com base no tabu do incesto, davam-se sob regras de interdições e preferências: predominava a poligamia, nas duas versões, poliandria (um homem com várias mulheres) ou, menos frequente, a poliginia (uma mulher com vários maridos). Na última etapa, "civilização", o ideal era o casamento monogâmico.

Outro exemplo é referente à religião. Os mais atrasados eram "animistas", isto é, para eles todas as coisas tinham uma espécie de alma: as pedras, os rios, a floresta, o mar. No segundo estágio de evolução, a "barbárie", o sobrenatural era o domínio de seres individualizados, o politeísmo, com vários deuses, já um avanço com relação ao primeiro, mas ainda primitivo. E finalmente, no ápice da "civilização", o monoteísmo. No campo da tecnologia: caçadores e coletores na base, depois a etapa do cultivo da terra e domesticação de animais e, por fim, a indústria. E assim por diante.

Como se pode perceber, trata-se de um esquema simples – simplista, na verdade –, mas tinha a vantagem de oferecer uma ordem, um princípio classificatório para a diversidade de costumes, modos de vida, crenças, ferramentas de trabalho com os quais se fizera contato nessas regiões longínquas. Ademais, estava inspirado pela ideia de progresso: primitivos, sim, mas não condenados aos estágios mais elementares: poderiam evoluir, quem sabe até o mais alto, aquele dos povos colonizadores.

O Diferente

Num segundo momento da Revolução Industrial surge outra perspectiva, e o nome do *Outro* muda: antes, Selvagem, depois Primitivo e agora é o Diferente. É quando a Antropologia passa a ser considerada mais "científica", com base no trabalho de campo: levantamentos censitários, genealógicos, descrição das técnicas de plantio, dos artefatos, registro dos mitos, recolhidos não mais de forma amadorística, mas profissional. Quem marcou esta etapa foi Bronislaw Malinowski, um antropólogo polonês, radicado na Inglaterra: ainda que não tenha sido o primeiro a instituir o trabalho de campo[5] realizado diretamente pelo pesquisador, como base da Antropologia, levou os louros

---

5. Antes dele podem ser citados Franz Boas, Robert Lowie e as incursões a populações indígenas das planícies nos Estados Unidos; A.R. Radcliffe-Brown nas Ilhas Andaman; C.G. Seligman e William H.R. Rivers na famosa expedição ao Estreito de Torres (1888-1889) e outros mais que empreenderam pesquisas em novos moldes, em contraposição à Antropologia "de gabinete", "de convés" ou "de varanda". Cf. Eriksen; Nielsen, 2001; Rocha; Frid (orgs.), 2015.

pela inovação: na primeira década do século XX passou três anos num arquipélago da Melanésia, as Ilhas Trobriand, onde aprendeu a língua e viveu com os ilhéus, participando de seu cotidiano e assim consolidou o método que se tornou conhecido como "observação participante".

O primeiro livro que escreveu sobre esse povo intitulava-se *Os argonautas do Pacífico Ocidental* ([1922] 1978). É uma alusão à mitologia grega e se referia a uma instituição chamada "Kula", uma espécie de troca em que os trobriandeses, em viagem pelo arquipélago, intercambiavam colares por braceletes de coral. Como interpretar? Do ponto de vista capitalista, não fazia muito sentido todo aquele esforço para trocar objetos aparentemente decorativos. Mais do que uma prática estritamente econômica, porém, tinha conotações cosmológicas, sentido diplomático, reforçava laços entre os parceiros.

Era um "fato social total", como Marcel Mauss denominaria mais tarde. Assim, comparando com os britânicos, os trobriandeses não eram uns selvagens "sem lei e sem rei", eram *diferentes*: tinham suas regras, instituições, técnicas de cultivo, artefatos, navegação. Malinowski escreveu ainda vários livros mostrando essas diferenças nos campos da família, parentesco, economia, mitologia, consolidando um modo de operar na Antropologia que se tornou hegemônico até mais ou menos a década de 1950.

Só que – sempre há um *só* no meio e um *que* depois – algo aconteceu nos anos de 1950: a "rebelião do objeto"! Povos da África, principalmente, no contexto das lutas contra o colonialismo, levantaram-se contra a dominação dos países centrais e, de roldão, incluíram também os antropólogos – brancos, europeus –, mesmo que não estivessem lá explicitamente a serviço dos governos; mas, de qualquer maneira, para aquele *Outro* faziam parte do mundo de lá. A questão de fundo, porém, apontava para uma mudança de paradigma: os "nativos" já não eram meros fornecedores de dados – sobre seus modos de vida, sua organização social, suas cosmologias – para a interpretação dos teóricos de além-mar; eles poderiam ser seus próprios intérpretes.

Vem à luz uma dimensão até então oculta, na relação pesquisador/pesquisado: a dimensão política, uma relação de poder. A Antropologia era considerada uma ciência positiva, objetiva, neutra, alheia a relações de dominação. Não chamava a atenção, por exemplo, na relação com os nativos, o fato de que um antropólogo, contemporâneo a Malinowski, E.E. Evans-Pritchard ([1940] 1978), com importantes trabalhos sobre povos africanos no vale do Rio Nilo, fosse membro do exército britânico de ocupação.

Essa tomada de consciência muda o jeito de fazer antropologia. Surge uma variante nova: o *subdesenvolvido*. Tal é o nome do *Outro* – talvez mais empregado pela Sociologia – na nova conjuntura, pois essas nações, incluindo as latino-americanas, em seus processos desenvolvimentistas passam a depender econômica, tecnológica e financeiramente dos países capitalistas centrais, mesmo tendo conseguido a independência política.

Agora somos todos nativos...

Mas agora – e o tempo urge – é a década dos anos de 1960, há outra "rebelião" no horizonte, uma "rebelião no centro": a contracultura nos Estados Unidos, a Primavera de Praga, Maio de 68 na França; "É proibido proibir", de Caetano Veloso e os Mutantes: uma rebelião de jovens contra o sistema, propondo a liberação sexual, amor livre, as comunidades alternativas, movimento feminista, homossexual, *black power*...

Decreta-se o fim das "grandes narrativas" em favor das "comunidades de sentido", recuperando a reflexão de Ludwig Wittgenstein ([1953] 1975) sobre os "jogos de linguagem" no interior desses grupos. Seus discursos, atuação e experiências contestatórias frente ao *establishment* do Alto Modernismo tiveram tal repercussão que a Antropologia viu emergir um novo nome para o *Outro*: as *Minoria*s. Um exagero inicial nessa virada, como consequência da discussão em torno da legitimidade do discurso sobre si, estabelecia que só podia falar da mulher quem era mulher, de negro quem era negro, imigrante quem era imigrante, e assim por diante; minoria aqui não em termos de densidade populacional, mas de exclusão, falta de direitos. Era o "lugar da fala" – que, à época, marcava o alcance dessa ruptura, pondo às claras a relação de poder entre pesquisado e pesquisador.

Assim, finalmente chegando à contemporaneidade, Clifford Geertz (2004 [1983]), antropólogo norte-americano, proclama que agora "somos todos nativos". A alteridade está ao lado, já não é imprescindível para o exercício da Antropologia tomar um navio, atravessar o oceano, permanecer três anos numa ilha longínqua; o *Outro* pode estar ali perto, é um de nós, compartilhando o assento no ônibus ou no metrô, numa manifestação de rua, num sarau da periferia, numa apresentação de *slam*.

Mas, como identificar esse *Outro*, que aparentemente fala a mesma língua, convive no mesmo espaço, está sujeito às mesmas leis? Dois antropólogos do Rio de Janeiro, Gilberto Velho e Roberto DaMatta, mantiveram uma polêmica sobre um tema que aborda essa questão. A proposição de base era a seguinte: quando o antropólogo vai estudar o *Outro* em uma cultura diferente da sua, o esforço que deve fazer é no sentido de transformar o que lhe parece *exótico* em *familiar*, buscando pontos de comparação. Quando, porém, seu interesse de pesquisa está situado na sua própria cultura, o movimento é inverso: deve transformar o que lhe parece *familiar* em *exótico*. Nesse caso, o objetivo é produzir um *estranhamento*, atitude fundamental para dirigir o olhar etnográfico.

Essa controvérsia teve um interessante desdobramento por ocasião de uma atividade no Instituto Polis, em São Paulo, em que fui solicitado para coordenar uma experiência de campo no centro da cidade com um grupo de estudantes secundaristas de um programa da prefeitura. Para orientar seu olhar sobre a diversidade do cenário, dos atores sociais e suas práticas durante a caminhada etnográfica, usei justamente essa oposição "exótico *versus* familiar". Apenas enunciei e uma menina, lá do fundo, protestou: "Professor, não pode usar a palavra *exótico*". Surpreso, perguntei: "Por que não?" "Porque é usada para se referir, de jeito preconceituoso, ao corpo da mulher negra"!

Não me restou alternativa senão reconhecer que não falávamos a mesma linguagem: ali estava um *Outro*: mulher, jovem, militante, negra, propositiva e com agência que me fez lembrar de um artigo de Sonia Maluf (2010) em que se serve da expressão "antropologia reversa" para recuperar posições e postura do movimento feminista como legítimo aporte antropológico.

Esta expressão, "antropologia reversa", foi criada por Roy Wagner ([1975] 2010), em suas pesquisas sobre o *cargo cult* entre os Daribi, na Nova Guiné:

> Se chamamos esses fenômenos de "cultos da carga", então a antropologia talvez devesse ser chamada de "culto da cultura", pois o "kago" é bem a contrapartida interpretativa da nossa palavra "cultura". Essas palavras são em certa medida imagens espelhadas, no sentido de que olhamos para a carga dos nativos, suas técnicas e artefatos e a chamamos de "cultura", ao passo que eles olham para nossa cultura e a chamam de "carga" (WAGNER, [1975] 2010: 68ss.).

Ademais, aquele antropólogo era meio estranho: não tinha esposa, cozinhava para si, era obcecado por entrevistas, dizia que nada tinha com os brancos, mas tinha. No seu livro *A invenção da cultura*, Wagner mostra que esses "nativos" têm, à sua maneira, o que nós entendemos por antropologia, pois possuem formas de dar sentido a seus contatos com um *Outro*. Conforme pontua Luiz Felipe Rocha Benitez:

> O mérito do autor, ao apropriar-se da ideia de *cargo cult* como reverso da ideia de cultura, foi ter experimentado um (outro) pensamento [...] a partir da sua experiência etnográfica. O reconhecimento etnográfico dos procedimentos de uma "antropologia reversa" institui um tratamento simétrico, na acepção de Bruno Latour (1994), e, por isso, trabalha para superar o grande divisor "nós/eles" de forma ousada. Sua ousadia refere-se ao fato de propor não que "todos somos nativos", mas que "todos somos antropólogos" e, portanto, a etnografia que praticamos deve estar aberta à criatividade daqueles que estudamos (BENITES, 2007: 123).

Um exemplo mais próximo desses desdobramentos foi proporcionado por João Paulo Barreto, da etnia Tukano, com sua dissertação sobre procedimentos em um laboratório de ictiologia no Instituto Nacional de Pesquisa da Amazônia, tendo como base os conhecimentos de peixes de seu povo (BARRETO, 2013). Ao acionar a cosmologia tukano para sua leitura, porém, deu-se conta de que precisava mais informações e seu pai, especialista nessa área lá na aldeia, foi por ele convocado para assessorá-lo. Mais tarde, em 2021, João Paulo defendeu seu doutorado também na Ufam, cujo título é *Kumuã na kahtiroti-ukuse: uma "teoria" sobre o corpo e o conhecimento prático dos especialistas indígenas do Alto Rio Negro* (2021), nessa mesma linha de reflexão.

O debate em torno da relação com o *Outro*, porém, não termina aqui: diante das múltiplas formas de aplicação da etnografia, novos desafios surgem, exigindo dos antropólogos um contínuo exame de suas categorias.

2
Etnografia urbana

Quando se menciona esta especialidade da disciplina, não poucas vezes a ideia corrente é que se trata de um ramo tardio da chamada Antropologia Clássica, aquela realizada com comunidades como as que foram mostradas mais acima: só muito mais tarde é que ela teria se voltado para temas urbanos propriamente ditos. No entanto, quando se faz uma revisão histórica, descobre-se algo surpreendente: o já citado livro *Argonautas do Pacífico Ocidental*, de Bronislaw Malinowski, foi lançado originalmente em 1922; contudo, em 1925 um autor norte-americano, Robert Ezra Park, publica *A cidade: sugestões para a investigação do comportamento humano no meio urbano*: a citação abaixo desfaz aquela impressão:

> Nos dias de hoje, a Antropologia, ciência do homem, tem-se preocupado principalmente com o estudo dos povos primitivos [os termos são da época]. Mas o homem civilizado é um objeto de investigação igualmente interessante e, ao mesmo tempo, sua vida é mais aberta à observação e ao estudo. A vida e a cultura urbanas são mais variadas, sutis e complicadas, mas os motivos fundamentais são os mesmos nos dois casos. Os mesmos pa-

cientes métodos de observação despendidos por antropólogos tais como Boas e Lowie, no estudo da vida e maneiras do índio norte-americano, deveriam ser empregados ainda com maior sucesso na investigação dos costumes, crenças, práticas sociais e concepções gerais de vida que prevalecem em Little Italy, ou no baixo North Side de Chicago, ou no registro dos *folkways* mais sofisticados dos habitantes de *Greenwich Village* e da vizinhança de *Washington Square* em Nova York (PARK, [1925]. In: VELHO, 1999: 26-67).

No entanto, é também plenamente aceito que a Antropologia inaugurou seu legado teórico e metodológico com base nos estudos sobre os hoje chamados povos de pequena escala: indígenas, ribeirinhos, aldeias rurais, quilombos e assim por diante. Tradicionalmente os antropólogos se sentem mais à vontade nessas comunidades, conforme assinala Edmundo Leach:

> [...] os conhecimentos dos antropólogos sociais têm uma qualidade especial devido à área onde exercitam sua imaginação artística. Essa área é o espaço vivo de alguma pequena comunidade de pessoas que vivem juntas em circunstâncias em que a maior parte de suas comunicações diárias depende diretamente da interação. Isto não abrange toda a vida social humana, muito menos abrange toda a história humana. Mas todos os seres humanos gastam grande parte das suas vidas em contextos desta espécie (LEACH, 1989: 50-51).

Evans-Pritchard, outro antropólogo britânico de sua época, e Malinowski confirmam:

> Da porta da minha barraca podia ver o que acontecia no acampamento ou aldeia e todo o tempo era gasto na companhia dos Nuer (EVANS-PRITCHARD, [1940] 1978: 20).

> No meu passeio matinal pela aldeia podia observar detalhes íntimos da vida familiar – os nativos fazendo sua toalete, cozinhando, comendo; podia observar os preparativos para os trabalhos do dia, as pessoas saindo para realizar suas tarefas; grupos de homens e mulheres ocupados em trabalhos de manufatura. Brigas, brincadeiras, cenas de família, incidentes geralmente triviais, às vezes dramáticos, mas sempre significativos, formavam a atmosfera da minha vida diária, tanto quanto a da deles (MALINOWSKI, [1922] 1978: 21).

Se estas são as imagens clássicas da pesquisa de campo tradicional, nada mais distante da situação do antropólogo urbano, numa cidade com 12 milhões de habitantes como é o caso de São Paulo, ou do Rio de Janeiro, Recife, Curitiba e outras metrópoles: quando abre a janela de seu apartamento ou percorre as ruas do seu bairro, certamente não se deparará com toda a diversidade urbana...

Eis aí um desafio: Como aplicar estratégias de pesquisa desenvolvidas a partir de localidades com dinâmica e dimensões de "comunidade", para a escala das cidades contemporâneas? Uma das saídas seria tentar identificar ou reproduzir as características consideradas próprias dos assentamentos estudados pela Antropologia clássica: a aldeia, o acampamento, os pequenos grupos, descritos naquelas imagens. Denominei essa tentativa de transposição de "a tentação da aldeia": considerar determinado objeto de pesquisa no contexto altamente diversificado, heterogêneo e interconectado das metrópoles como aquele recorte ideal onde supostamente se poderia aplicar com acerto o método etnográfico. Outra saída seria considerar a própria cidade como uma aldeia, mas que cresceu demais, passou dos limites e por isso perdeu as condições de convivência para uma situação de desencontros, de anonimato e ficar no plano das generalidades, como se essa fosse a condição de vida de todos os seus habitantes.

Mais que um desafio, porém, trata-se de uma surpreendente hipótese: Será que o método etnográfico – para além da retórica de algumas imagens – não constituiria um diferencial para perceber o que passaria ao largo na leitura de outras ciências sociais? Será que a Antropologia, tendo como base o legado dos estudos fundantes junto aos povos de pequena escala, não poderia apresentar um viés inovador quando instada a encarar a realidade urbana contemporânea? Para passar dos desafios à confirmação dessa hipótese é preciso analisar com mais detalhes a própria constituição da Antropologia Urbana, como se verá a seguir.

Voltando então à citação inicial, trata-se de um dos autores da Escola Sociológica de Chicago que, não obstante ser assim denominada, a ela costuma-se remontar em busca de um dos antecedentes para os atuais estudos agrupados na rubrica de Antropologia Urbana. Seu objeto de estudo eram as transformações resultantes das levas de imigrantes que chegaram a Chicago desde o final do século XIX, principalmente da Europa Central. Da noite para o dia essa cidade se transforma numa metrópole, mas sem condições urbanísticas, sociais e econômicas para receber esse afluxo todo. Ulf Hannerz (1980) utiliza a expressão "os etnógrafos de Chicago" para se referir a uma série de pesquisadores dessa escola cujo trabalho se aproxima do método etnográfico.

A Escola de Chicago

A abordagem da cidade por parte das Ciências Sociais na Escola de Chicago, ainda que em parte tributária dos trabalhos de sociólogos europeus, tomou rumos próprios. Estes últimos tinham diante de si uma forma de assentamento consolidada ao longo de séculos, a partir das primeiras experiências urbanas do fim da Alta Idade Média, descritas por Max Weber como "comunas urbanas" [(1999) escrito entre 1911/1913 e publicado em 1920/1921). Antes dele, já era corrente o uso do termo "comunidade", inaugurado na obra de Ferdinand Tönnies ([1887] 1963), sempre em oposição ao de "sociedade", em autores conhecidos na Sociologia como Émile Durkheim ([1893] 1973) e Georg Simmel ([1902] 1987).

Recapitulando: segundo Tönnies, *comunidade* é marcada pelos laços de sangue, relações primárias, consenso, rígido controle social; *sociedade*, em contraposição, caracteriza-se pela presença de relações secundárias, pela convenção e anonimato. Por meio dessa oposição, o autor descreve a transformação de uma forma tradicional de vida com base numa economia predominantemente de subsistência, de uma Europa paroquial e agrária para uma sociedade mais cosmopolita e comercial, na leitura de Mellor (1984).

Esta oposição toma forma em Durkheim como *solidariedade orgânica* versus *mecânica* e reaparece em Simmel quando distingue o tipo metropolitano – espécie de personalidade intelectual, calculista, reservada, *blasé* – do habitante da pequena cidade, onde a vida descansaria sobre relacionamentos emocionais mais profundos. Como Tönnies, Simmel vai mostrar a transição dos padrões coesivos da comunidade tradicional às formas anônimas do mundo urbano e industrial. A análise de Max Weber (1999, passim) ressalta o caráter da racionalidade presente na cidade medieval do Ocidente com base na comuna urbana – associação local, militar e politicamente autônoma, feita sob "usurpação" e referendada pela *conjuratio* dos habitantes do burgo frente ao príncipe.

Só ela, com a nova classe dos mercadores e artesãos, romperia com os laços, tabus e religião clânicos, razão pela qual, diferentemente do que ocorreu no Oriente, tornou-se condição para o surgimento do capitalismo. Mais tarde, essas cidades de governo próprio e autônomo dissolvem-se no interior dos estados nacionais: as metrópoles que surgem na esteira da Revolução Industrial completam a desintegração daquele modelo de vida urbana, segundo Weber.

Outro será, entretanto, o ponto de partida do importante grupo de pesquisadores que, no outro lado do Atlântico, fez da cidade seu objeto de estudo e intervenção. Trata-se, como foi afirmado mais acima, da Escola de Chicago, nome que terminou agrupando pesquisadores do Departamento de Sociologia da Universidade de Chicago com intensa atividade no período que vai da Primeira Guerra Mundial até os anos de 1930.

Para W.I. Thomas, R. Park, E. Burgess e R. MacKenzie – os pioneiros –, o referencial que sustentava a linha interpretativa e as análises empíricas não era a transformação da cidade medieval sob as injunções das sucessivas fases da Revolução Industrial, como pensavam os teóricos europeus. O que tinham diante dos olhos era o vertiginoso crescimento de Chicago no início do século XX a partir de aportes migratórios, com a correspondente sequela de problemas que tal fenômeno acarretava. As mudanças eram rápidas, os grupos que disputavam os espaços eram heterogêneos e a competição, intensa.

Se a influência dos autores europeus se fez sentir – o binômio *comunidade* versus *sociedade* está presente –, o ponto de partida foi o da biologia e o quadro que lhes serviu de referência tornou-se conhecido como "ecologia humana". Tratava-se de explicar a dinâmica urbana através de conceitos tais como dominação, invasão, sucessão, dominância – diferentes etapas que adquire a competição de plantas por espaço, recursos, luz solar – delimitando "áreas naturais" e produzindo diferentes "zonas" concêntricas da cidade.

A Escola de Chicago também notabilizou-se pelos estudos empíricos que realizou sobre temas específicos, como delinquência, prostituição, minorias étnicas, criminalidade etc., que terminaram agrupados sob a classificação de "patologia social". É justamente em referência a esses temas e recortes e não tanto pela filiação a alguma corrente da Antropologia que Hannerz, citado mais acima, cunhou a expressão "os etnógrafos de Chicago".

Esse autor destaca cinco estudos que denomina de "etnografias": *The Hobo* (ANDERSON, 1923), sobre o modo de vida de trabalhadores sazonais e andarilhos; *The Gang* (THRASHER, 1927), um levantamento e descrição de gangues juvenis em Chicago; *The Ghetto* (WIRTH, 1928), sobre o bairro judeu; *The Gold Coast and the Slum* (ZORBAUGH, 1929), um estudo de seis "áreas naturais" com os diferentes modos de vida de seus moradores, desde a classe superior até o mundo das pensões baratas; e, por último, *The Taxi-Dance Hall* (CRESSEY, 1932), análise dos personagens e regras que presidiam o funcionamento dos célebres salões de dança "por cartão". Ainda que um pouco posterior – e com algumas diferenças de enfoque – entraria nesta lista *Street Corner Society* (WHYTE, 1943), estudo que utilizou a técnica da observação participante com grupos de jovens de origem italiana em Boston (cf. HANNERZ, 1980: 41ss.).

Louis Wirth e Robert Redfield no final dos anos de 1930 representam, respectivamente, a culminação de duas tendências da Escola de Chicago. O primeiro, com sua consagrada definição de cidade – "para fins sociológicos, uma cidade pode ser definida como um núcleo relativamente grande, denso e permanente de indivíduos socialmente heterogêneos" (WIRTH, [1938] 1973: 96) –, enfatiza o caráter segmentário, utilitarista e transitório das relações que a cidade impõe aos indivíduos. Redfield (1949), por sua vez, aponta para uma espécie de "anticidade", com sua civilização e cultura de *folk*: núcleo pequeno, isolado, profundamente religioso, iletrado e com um forte sentimento de solidariedade grupal[6]. Estes polos antagônicos acabaram constituindo a conhecida proposição "*continuum folk*-urbano", linha ao longo da qual se distribuiriam os assentamentos humanos, da aldeia à grande cidade.

Outra antecessora da Antropologia Urbana é a Escola de Manchester, nos anos de 1940, cujo foco foram as transformações sociais resultantes do fenômeno da destribalização no chamado *Cooperbelt*, na África. Com origem no Instituto Rhodes-Livingstone, na antiga Rodésia do Norte (hoje Zâmbia), o contexto histórico foi a descolonização no continente africano: o objeto se deslocou dos sistemas tradicionais para o surgimento das novas nações na era pós-colonial. As mudanças sociais surgidas a partir de então constituíram os temas de pesquisas de um grupo de antropólogos de origem sul-africana, os quais, sob a liderança de Max Gluckman, voltaram-se para problemas acarretados pela migração em direção às cidades, como a habitação, o trabalho assalariado, as relações familiares etc. A recente valorização dos estudos de rede tem como referência essas pesquisas (ERIKSEN; NIEKSEN, 2007: 105).

---

6. Evidentemente a Escola de Chicago não se limita a essas linhas: cabe citar, entre outras, o interacionismo simbólico de Erving Goffman e Howard Becker; Oscar Lewis e seu polêmico conceito de "cultura da pobreza", na década de 1950.

A Escola Livre de Sociologia e Política e a USP

No Brasil – e principalmente em São Paulo – foi a Escola de Chicago a que exerceu maior influência no estudo das transformações urbanas. Numa rápida referência histórica, após a derrota na Revolução Constitucionalista de 1932, a elite paulistana começou a preocupar-se com a formação de quadros para uma sociedade que se modernizava, saindo de um estágio predominantemente rural para urbano-industrial. Com este propósito, o economista e empresário Roberto Simonsen fundou, em 1933, a Escola Livre de Sociologia e Política (ELSP) – que existe até hoje, na Vila Buarque – e foi buscar professores e pesquisadores norte-americanos, principalmente da Escola de Chicago. Por esta escola passaram importantes nomes da *inteligentzia* brasileira como Florestan Fernandes, Sérgio Buarque de Holanda, Antonio Candido, Darcy Ribeiro, Gioconda Mussolini, Oracy Nogueira, Juarez Brandão Lopes, João Baptista Borges Pereira, Josildeth Gomes Consorte, entre outros.

Contudo, havia uma diferença básica: enquanto nos Estados Unidos o objeto das pesquisas eram os problemas urbanos de Chicago – uma grande metrópole, para a época –, em São Paulo foram principalmente comunidades do interior, pequenas cidades disseminadas pelo Estado começando a deixar o estágio agrário que despertaram o interesse dos pesquisadores. Por isso, os temas dessa escola foram conhecidos como "estudos de comunidade", sem muita distinção entre Sociologia e Antropologia. Antonio Candido, por exemplo – que não se considerava antropólogo, era sociólogo, depois migrou para a área da literatura –, escreveu

Os parceiros do Rio Bonito (1964), importante trabalho em que registra as transformações do modo de vida caipira na região de Bofete, norte do Estado. Cunha, Guaratinguetá, Itapetininga foram algumas das localidades – além de outras, para além do Estado de São Paulo – contempladas pela metodologia dos "estudos de comunidade".

É interessante ressaltar, porém, que as primeiras pesquisas sobre padrão de vida e nível de consumo da classe trabalhadora urbana no Brasil foram coordenadas, na ELSP, entre os anos de 1934 e 1937 por dois pesquisadores norte-americanos, formados na Universidade de Columbia, Horace Davis e Samuel Lowrie (KANTOR; MACIEL; SIMÕES, 2001: 15). A fase seguinte, conduzida por Donald Pierson já na década de 1940, trouxe mais fortemente a marca da Escola de Chicago e dotou a ELSP de uma estrutura e plano de atividades que contrastam com as do primeiro período: as fontes de financiamento tornaram-se mais constantes, permitindo a realização de projetos de pesquisa mais amplos, o estabelecimento de contatos e intercâmbio institucionais e a consolidação da linha dos estudos de comunidade que deram o tom à escola. Sua importância pode ser ainda avaliada pela presença e atuação de representantes de outras linhagens e procedências como Emilio Willems, Herbert Baldus e o antropólogo britânico A.R. Radcliffe-Brown.

Sua influência estende-se até os anos de 1950, quando então a hegemonia na área passa para a Faculdade de Filosofia, Ciências e Letras da USP (FFCL)[7]. Esta última,

---

7. Que viria a ser a FFLCH – Faculdade de Filosofia, Letras e Ciências Humanas a partir da reforma universitária de 1970.

inicialmente ancorada na missão francesa – da qual fizeram parte Paul Arbousse Bastide, Fernand Braudel, Jean Maugüé, Claude Lévi-Strauss, Roger Bastide, Pierre Monbeig, entre outros – e inserida num contexto universitário mais abrangente, inaugura uma nova fase no campo do ensino e pesquisa das ciências sociais em São Paulo a partir de 1934.

Em contraposição à perspectiva predominante na ELSP, na USP desenvolveu-se outra tendência sob a liderança do Professor Florestan Fernandes, na área da Sociologia. Com base nas obras de autores basicamente europeus – Max Weber, George Simmel, Karl Mannheim –, desvinculava-se dos recortes micro, das comunidades, para encarar a sociedade em suas variáveis macrossociológicas. Mesmo assim, nesses primeiros anos, havia um intenso e profícuo trânsito entre antropólogos e sociólogos às voltas com questões ligadas a povos indígenas, comunidades rurais, migrações ademais de outras questões propriamente urbanas[8].

---

8. Alguns exemplos: Herbert Baldus (etnologia indígena) orienta Florestan Fernandes (Tupinambá), que orienta Ruth Cardoso (migração japonesa); Emilio Willems (estudos de comunidades) orienta Egon Schaden (mitologia indígena), que orienta Eunice Durham (migração urbana), que orienta Amadeu Lanna (economia em sociedades tribais). Para acrescentar mais alguns dados a esse quadro de trânsitos, cabe registrar que João Baptista Borges Pereira fez seu mestrado (sobre um ginásio na periferia de São Paulo) na ELSP com o Prof. Oracy Nogueira, o doutorado (o negro no rádio) com Egon Schaden na USP, e orientou, entre outros, Lux Boelitz Vidal (etnologia, sobre os Xikrin), Renate Viertler (etnologia, sobre os Bororo) e Hunaldo Beiker (favela), todos na USP. Note-se que no Brasil convencionou-se chamar de etnologia a antropologia feita junto às populações indígenas em contraposição semântica e disciplinar à que é feita no âmbito da cidade, a Antropologia Urbana.

Cabe ressaltar, neste ponto, a presença de Claude Lévi-Strauss na leva de professores franceses para a USP. O diretor da *École Normale Supérieure*, ao fazer o convite ao jovem filósofo que pretendia enveredar pela etnologia, assegurou-lhe: "Apresente sua candidatura para professor de Sociologia na Universidade de São Paulo. Os arredores estão repletos de índios, a quem você dedicará os seus fins de semana" (LÉVI-STRAUSS, 1996: 45). Aqui aportando, contudo, não os encontrou – ao menos não na proporção que imaginava –, e a alternativa foi dedicar-se ao que chamou de "etnografia dos domingos": festas populares, tradições caipiras e rituais religiosos como folias de Reis, festas do Divino, dança de São Gonçalo e outras práticas, na companhia de sua mulher Dina Dreyfus e de Mário de Andrade, então diretor da Secretaria Municipal de Cultura e idealizador da Escola de Folclore e Etnografia.

Esta experiência e suas impressões sobre a cidade de São Paulo estão no conhecido livro *Tristes trópicos*, publicado em 1955, no qual descreve também como conseguiu, finalmente, durante as férias letivas, embrenhar-se no sertão e entrar em contato com os Bororo, Nhambiquara, Cadiweu – não sem antes maravilhar-se com as recentes cidades no norte do Paraná, pelas quais passou em sua viagem:

> Mas que misteriosos elementos formadores estariam trabalhando no terreno baldio a que se resumia Rolândia e sobretudo Arapongas, prestes a estipular certos tipos de habitantes numa direção e tipos distintos em outra, limitando cada zona a uma função e impondo-lhes uma vocação particular? Nesses quadriláteros de maneira arbitrária

cavados no coração da floresta, as ruas em ângulo reto são, de início, todas parecidas: traçados geométricos, privados de qualidade própria. Entretanto, umas são centrais, outras periféricas; algumas são paralelas e outras, perpendiculares à via férrea ou à estrada. [...] o comércio e os negócios escolheram as primeiras, necessariamente com grande freguesia; e por motivo inverso, as residências particulares e certos serviços públicos preferirão as segundas, ou a elas serão relegados (LÉVI-STRAUSS, [1955] 1996: 114).

E prossegue descrevendo outras cidades da época e, na continuação, faz uma surpreendente comparação entre essas cidades, planejadas em seu nascedouro, com as ruínas em quadrícula em antigas cidades da Índia, Mohenjo-Daro e Harappa e, nelas, a distribuição das diferentes funções e atividades (p. 122).

A descoberta da periferia

Na Faculdade de Filosofia, Ciências e Letras da USP, a Antropologia, desde seus inícios, estava voltada predominantemente para questões de etnologia indígena; a cidade entrava de forma bastante residual, mesmo quando o tema era imigração estrangeira – um dos assuntos que também estava em pauta. Aliás, foi a partir de pesquisas sobre esse tópico que duas professoras, Ruth Cardoso e Eunice Ribeiro Durham, abriram importante caminho para a antropologia urbana propriamente dita, não sem embates com a posição dominante entre seus colegas e a bibliografia convencional.

Ruth estudou famílias de japoneses e a inserção dos descendentes da primeira geração na sociedade brasileira e Eunice trabalhou com imigrantes italianos (CARDOSO, 1965; 1987; DURHAM, 1965; 1973). A cidade começa a ser objeto de pesquisa, mas numa linha diferente daquela da ELSP, pois é a periferia urbana, no contexto do golpe militar de 1964, que inaugura essa virada. A ditadura impôs uma derrota à classe operária cujas organizações deixam de ser o *locus* de sua militância; ocorre então uma mudança e, em vez dos tradicionais espaços de luta política e militância – o *chão de fábrica*, os sindicatos, os partidos políticos –, é o local de moradia que abre espaço para um novo tipo de atuação e de análise.

E havia novas perguntas: Quem são esses moradores de periferia? De onde vieram? Como são as relações de vizinhança? Em que acreditam e como passam o tempo livre? Então, foi para a Antropologia que as atenções se voltaram, pois seu tradicional enfoque para o estudo da família, parentesco, medicina tradicional, festas populares, religiosidade – temas pouco significativos, digamos, para as grandes questões do desenvolvimento econômico, da luta de classes – foi reconhecido como fundamental para o entendimento da dinâmica social e cultural nessa conjuntura e do modo de vida de novos atores sociais, os *moradores*. Sua visibilidade fez com que a disciplina também adquirisse mais relevância no campo das ciências sociais, ao lado da Ciência Política e da Sociologia.

Essa mudança nas estratégias de atuação, contudo, não significou esvaziamento da política: refluiu, mas sob novas formas e entre os atores sociais que emergiram (ou melhor, tornaram-se mais visíveis) na nova conjuntura destacaram-se as mulheres, na periferia. Foram elas, no ambiente doméstico e da vizinhança, aparentemente sem nenhuma perspectiva política, que atuavam com abaixo-assinados reivindicando creches, postos de saúde, iluminação pública, melhorias no transporte público etc. Era um movimento em busca do "direito à cidade", para usar a conhecida expressão consagrada por Henri Lebfèvre (1969).

Muitos outros temas então vieram à baila: estratégias de sobrevivência na metrópole, religiões com apelo popular e forte inserção na cidade (umbanda, candomblé, pentecostalismo), comunidades eclesiais de base, movimento negro, coletivos de jovens, formas de lazer e entretenimento – os quais, entre outros, compunham o variado leque das opções dos orientandos de Ruth Cardoso e Eunice Durham e que, frise-se, não se restringiram a São Paulo[9].

E para dar conta dessa multiplicidade, novos quadros interpretativos nos "seminários das segundas-feiras" por elas coordenados começaram a ser discutidos a partir de autores sem vinculação com a antropologia tradicional: An-

---

9. A lista completa dos orientandos de Ruth e Eunice com os temas de teses e dissertações, assim como suas instituições de origem (além da USP, Unicamp, Museu Nacional etc.) pode ser conferida em Magnani (2012). Destaco, pela proximidade, a de Teresa Caldeira, defendida em 1982, com o título *Imagens do poder e da sociedade: o mundo cotidiano de moradores da periferia* publicada em 1984 pela Editora Brasiliense com o título *A política dos outros: o cotidiano dos moradores da periferia e o que pensam do poder e dos poderosos*; de Maria Lucia Montes, *Lazer e ideologia: a representação do social e do político na cultura popular* defendida em 1983 e de Alba Zaluar, *A máquina e a revolta: as organizaçõs populares e o significado da pobreza*, publicado em 1985 também pela Brasiliense.

tonio Gramsci, Richard Hoggart, Louis Althusser, Manuel Castells, Michel Foucault, entre outros.

Do modo de vida dos trabalhadores na periferia também faziam parte suas festas e as diferentes modalidades como desfrutavam o tempo livre e, ainda que parecesse pouco relevante, foi o tema que escolhi para minha tese de doutorado, entre outros que então afloravam. Concretamente, a manifestação que constituiu o objeto de minha pesquisa foi uma forma de dramaturgia tradicional, o circo-teatro.

Para apreciar as possibilidades que o olhar etnográfico abre, narro uma das primeiras vezes em que fui analisar uma peça de teatro do Circo Teatro Bandeirantes, no Jardim Três Corações, Grajaú, zona sul da cidade. Era o drama *O céu uniu dois corações* e, antes do espetáculo, o proprietário fez o conhecido anúncio: "Este é um espetáculo feito por uma família, para as distintas famílias desta localidade". Por causa da tradição nômade, era preciso estabelecer um vínculo, ressaltar que "a gente também é família, o espetáculo é familiar", pois havia uma tradição de que o circo, quando de sua passagem pelas cidades do interior, roubava crianças, seduzia mocinhas... Ademais, o palhaço goza de alguma licença poética, pois suas piadas e *gags* nem sempre eram "de família".

Nessa primeira jornada, mal começou a apresentação, um espectador embriagado, lá do alto da arquibancada, interferia em altos brados o tempo todo: cada vez que o galã dizia uma coisa, ele se contrapunha; a heroína se lamentava, ele ria. Atrapalhou o espetáculo inteiro, mas, tendo pagado seu ingresso, estava lá, exercendo o direito de participar. No espetáculo seguinte, porém, esse mesmo senhor lá estava, na porta do circo, todo sério, tendo sido contratado como segurança para impedir a entrada de pessoas inconvenientes... Uma das tantas "táticas" decritas por Michel de Certeau (1994).

A experiência com o circo abriu um campo mais amplo, incluindo outras formas de lazer de trabalhadores na periferia, como as excursões de "farofeiro": Aparecida do Norte, a Caverna do Diabo em Registro, Praia Grande etc. A festa já começava no ônibus fretado: cedinho, cinco horas da manhã, para aproveitar o sábado e o domingo de sol na praia. Madrugada ainda, quase não se via o mar, mas era tanta coisa para se fazer, jogar vôlei, futebol, namorar, pausa para a farofa, descansar, banhar-se – tudo isso no pouco tempo de que se dispunha, pois a semana de trabalho estava lá, sempre, no horizonte. Era sua forma de usar o tempo livre e, com o devido *estranhamento*, eu começava a entrar em contato com um mundo até então pouco conhecido, o mundo de um *Outro*, com suas lógicas, estratégias.

Entrar nesse mundo significava descortinar, no recorte que havia escolhido, determinadas regularidades para não ficar preso no registro de fatos isolados; assim, aos poucos, percebi a diferença entre o lazer das mulheres e o dos homens, de jovens, adultos e crianças; lazer feito em casa e fora de casa. Quando, por exemplo, um time de futebol de várzea ia jogar em outro campo, era o grupo todo que saía e não apenas os jogadores. Com isso comecei a perceber determinadas regras e nessas observações um termo era recorrente: "pedaço", quando perguntava: "Mas aonde é que vocês vão, quem é que pode ir? "Professor, é só gente do pedaço"; ou "este aqui é nosso pedaço".

Esse termo, aparentemente banal e corriqueiro, naquele contexto abriu uma perspectiva para indicar o jeito especial de uma forma de relacionamento e uso do espaço na periferia de São Paulo: lugar do encontro, da sociabilidade, de trocas, compartilhamento. Tal "detalhe" mudou o rumo da minha tese, pois se no início estava interessado na dramaturgia circense e as perguntas de base eram se as peças do circo-teatro eram "conservadoras" ou "progressistas", se o seu discurso estaria contaminado pela ideologia dominante ou romperia com essa dominação, a resposta que obtive foi em outra direção. E surpreendente! Eles me disseram – não exatamente nestes termos: "Professor, pouco importa se o circo é conservador ou progressista, o que importa aqui é que tem um lugar para a gente se encontrar, um lugar de encontro, o lugar da festa, lugar pra se divertir".

O passo seguinte seria transformar esse termo "nativo" em categoria explicativa e para tanto era preciso buscar na bibliografia alguma referência com que pudesse dialogar, e o resultado foi o texto do antropólogo Roberto DaMatta (1979) sobre a distinção entre "casa e rua". Essa dicotomia, contudo, não foi inicialmente estabelecida estudando o Rio de Janeiro, mas com base em sua pesquisa sobre os Apinajé, onde observou a disposição espacial da aldeia – o que evidencia, mais uma vez, como categorias trabalhadas na etnologia indígena podem ser profícuas na Antropologia Urbana.

De acordo com DaMatta, a casa é o lugar dos parentes, das relações de sangue – descendência e consanguinidade –, acolhimento. A rua, lugar do estranho, do diferente e mesmo do perigo – mas também do imprevisto, de novas oportunidades. Nesse esquema, onde entra o *pedaço*? Entre a casa e a rua! Se esta é o lugar do *estranho* e, aquela, do *parente*, o *pedaço* é o lugar do *chegado*. Sem pedir licença, só o parente pode entrar na casa: de outra forma, intempestiva ou violenta, é a polícia ou o bandido. O *chegado* pode entrar, porém quando convidado e em determinadas ocasiões: uma festa, batizado, casamento, aniversário. Mas seu lugar, mesmo, é o *pedaço*, espaço intermediário entre aqueles dois domínios, a casa e a rua. Foi desta forma que consegui ampliar o estatuto explicativo de uma categoria nativa.

Esse primeiro *insight* e ainda outros estão mais desenvolvidos no livro *Festa no pedaço* ([1984] 2023, 4ª edição) e, na continuação, colocou-se uma pergunta: Era uma experiência restrita à periferia? E se fosse aplicada a outras regiões da cidade? Que tal ampliar o campo da experimentação? O título do livro seguinte é, justamente: *Da periferia ao centro: trajetórias de pesquisa em Antropologia Urbana* (2012*)*, onde registro e discuto o resultado desse novo desafio. Assim, o centro da cidade foi a próxima etapa da minha trajetória.

A primeira parada ocorreu na Galeria do Rock, frequentada por skatistas, pichadores, adeptos do *hip-hop*, góticos, jovens negros – meninos e meninas frequentadores dos salões de penteados afro –, metaleiros, aficionados por discos de vinil. Afigurava-se como um bom lugar para começar a pesquisa no centro: tudo indicava que era interessante estar ali, saber das novidades, onde seria o próximo *show* de tal ou qual conjunto; seria um *pedaço* jovem? Pois não rolou. Não, a categoria não se aplicava aí, ao menos não da forma como tinha aparecido na periferia, no contexto da vizinhança: havia gente de vários bairros e até de cidades vizinhas – Santos, Santo André, Guarulhos, Osasco – e nem sempre se conheciam; ora, a regra do *pedaço* era: só dele faz parte quem se conhece e em quem se confia, por meio dos laços de coleguismo, amizade, time de futebol, religião; não entra ninguém desconhecido no *pedaço*.

O etnógrafo, porém, não desiste: no decorrer de novas idas a campo foi possível perceber uma regularidade de outro tipo: eles não se *conhecem*, certo, mas eles se *reconhecem*. O nome da banda preferida na camiseta, o jeito de falar, a gíria, a postura corporal, os gostos, os cortes de cabelo eram, entre outros, sinais de reconhecimento e pertencimento. Então, com os devidos ajustes, no centro da cidade, a noção de *pedaço* talvez pudesse ser aplicada. Na verdade, aquela era uma *mancha*, permeada por vários *pedaços*. A partir de então, na continuidade das pesquisas, além destas, surgiram outras categorias: o *trajeto, o pórtico e o circuito*.

3
O método etnográfico

As categorias

Brevemente mencionadas no capítulo precedente, as categorias *pedaço, mancha, trajeto, pórtico* e *circuito* serão retomadas a seguir, com mais detalhes. Começando pela primeira delas e, tendo em vista as linhas que abriu para a formulação das demais categorias, cabe transcrever aqui a primeira caracterização tal como está no livro *Festa no pedaço* a partir da sua recente "descoberta" na pesquisa sobre o circo-teatro e as estratégias de sociabilidade em bairros da periferia de São Paulo:

> O termo, na realidade, designa aquele espaço intermediário entre o privado (a casa) e o público, onde se desenvolve uma sociabilidade básica, mais ampla que a fundada nos laços familiares, porém mais densa, significativa e estável que as relações formais e individualizadas impostas pela sociedade [...]. Pessoas de pedaços diferentes, ou alguém em trânsito por um pedaço que não o seu, são muito cautelosas: o conflito, a hostilidade estão sempre latentes, pois todo lugar fora do pedaço é aquela parte desconhecida do mapa e, portanto, do perigo [...]. Para além da soleira da casa, portanto, não surge repentinamente o resto do

mundo. Entre uma e outro situa-se um espaço de mediação cujos símbolos, normas e vivências permitem reconhecer as pessoas diferenciando-as, o que termina por atribuir-lhes uma identidade que pouco tem a ver com a produzida pela interpelação da sociedade mais ampla e suas instituições (MAGNANI, [1984] 2023: 142-143).

A incursão ao centro da cidade, na continuação das pesquisas, como também foi mostrada, permitiu a aplicação da categoria para outros contextos para além da vizinhança, contrariando a ideia do senso comum e da mídia sobre a suposta impessoalidade que caracterizaria a vida nas grandes metrópoles. Evidentemente, a cidade não é uma soma de *pedaços* isolados: as demais categorias permitiram descrever sua dinâmica em termos mais amplos e articulados entre si.

Dessa forma, as *manchas* podem ser caracterizadas como áreas contíguas do espaço urbano dotadas de equipamentos que marcam seus limites e viabilizam – cada qual com sua especificidade, competindo ou complementando – uma atividade ou prática predominante:

> Numa *mancha* de lazer os equipamentos podem ser bares, restaurantes, cinemas, teatros, o café da esquina, os quais, seja por competição seja por complementação, concorrem para o mesmo efeito: constituir pontos de referência para a prática de determinadas atividades. Já uma *mancha* caracterizada por atividades de saúde geralmente se constitui em torno de uma instituição do tipo âncora – um hospital – agrupando os mais variados serviços (farmácias, clínicas particulares, serviços

radiológicos, laboratório etc.) e assim por diante (MAGNANI, 2002: 22).

Se a qualquer momento os membros de um *pedaço* podem eleger outro espaço como ponto de referência e lugar de encontro, a *mancha*, ao contrário, resultado da relação e de fronteiras que diversos estabelecimentos e equipamentos estabelecem entre si, está mais ancorada na paisagem do que nos eventuais frequentadores. Assim, a *mancha* é mais aberta, acolhe um número maior e mais diversificado de usuários e oferece a eles possibilidades de encontro. Em vez da certeza, acena com o imprevisto, pois não se sabe ao certo o que ou quem vai se encontrar, ainda que se conheça qual o padrão de gosto, estilo de vida ou pauta de consumo dos frequentadores.

Um caso exemplar da variedade dessa categoria é o da Praça Roosevelt, no Bairro Bela Vista, região central. Espaço preferido por skatistas – os bancos, corrimões, quinas, canteiros com bordas de concreto são um bom pretexto para suas arriscadas manobras, os "picos" – a praça abriga, contudo, outros frequentadores com os quais é preciso reverter os inevitáveis conflitos – neste caso, idosos –, em contínuas negociações para o uso do espaço e equipamentos. Mas não só: ciclistas, donos e passeadores com seus *pets*, cuidadoras com carrinhos de bebês, malabaristas, *shows* de *rap*, *funk* e até mesmo psicanalistas que oferecem sessões gratuitas de terapia para moradores de rua e das vizinhanças, são outros usuários que delimitam seus próprios *pedaços* na *mancha*. A tese de Giancarlo Machado, *A cidade dos picos: a prática do* skate *e os desafios da citadinidade* (2017, publicada em 2022) descreve a prática do *skate* e suas relações com outros usos nessa praça e em várias manchas na cidade – Parque do Ibirapuera, Vale do Anhangabaú, entre outras. Não só delimitam seus *pedaços*: estas e demais *manchas* na cidade estão recortadas pela seguinte categoria, o *trajeto*: os skatistas, por exemplo, que nem sempre se conhecem, pois vêm de diferentes partes da cidade, aí se encontram, trocam experiências, comparam seus equipamentos, o que também acontece com os demais frequentadores.

Trajetos, então, aplicam-se a fluxos recorrentes no espaço mais abrangente da cidade e no interior das *manchas* urbanas: é a extensão e, principalmente, a diversidade do espaço urbano além do bairro que colocam a necessidade de deslocamentos, não aleatórios, por regiões mais distantes. Os *trajetos* levam de um ponto a outro através dos *pórticos:* espaços, marcos e vazios na paisagem urbana que configuram passagens, pois já não pertencem ao *pedaço* ou *mancha* de cá, mas ainda não se situam nos de lá; escapam aos sistemas de classificação de um e outra e, por isso, são também vistos como "a maldição dos vazios fronteiriços", na expressão que Santos e Vogel (1985: 103) vão buscar na obra *Death and Life of Great American Cities* (1991) de Jane Jacobs. Assim, além de constituírem espaços de transição, podem representar perigo, pois são preferidos por figuras liminares e para a realização de rituais mágicos, lugares sombrios que é preciso cruzar rapidamente...

Yuri Tambucci descreveu esta categoria num contexto bem particular durante sua pesquisa de mestrado (2014) sobre as viagens dos barcos-recreio no Rio Amazonas: os pontos de embarque, os *piers,* entre a terra e o rio, foram considerados *pórticos,* com suas regras próprias de permanência. Durante a madrugada eram lugares perigosos para alguém de fora, mas não para algumas categorias profissionais como os trabalhadores dos barcos ou até mesmo para moradores de rua de Manaus, que consideravam aquele lugar seguro para passar a noite. Um *pórtico* que não deixa lugar a dúvidas é a cracolândia, no centro de São Paulo, entre o Museu da Língua Portuguesa e a Pinacoteca.

Finalmente, o *circuito.* Esta categoria designa uma prática ou a oferta de determinado serviço por meio de estabelecimentos, espaços e equipamentos que não mantêm entre si uma relação de contiguidade espacial. Assim, a sociabilidade que possibilita por meio de encontros, comunicação e manejo de códigos é mais diversificada e ampla do que na *mancha* ou *pedaço* com suas fronteiras ou localizações bem delimitadas: o *circuito gay,* o dos cinéfilos, dos grafiteiros, skatistas, evangélicos, umbandistas, os campos de futebol de várzea e assim por diante[10].

Se para o passante comum aquele cinema da esquina oferece filmes antigos, para o cinéfilo é reconhecido como integrante de *circuito* muito mais amplo e especial, o de cines de arte, distribuídos em vários pontos da cidade, além das salas de projeção comerciais. O *circuito* une até espaços e equipamentos para além da cidade ou mesmo do país: os

---

10. Para uma exposição mais pormenorizada dessas categorias, cf. Magnani, 2002, p. 20-25; 2012, p. 86-98.

templos da Igreja Universal do Reino de Deus, mundo afora – Europa, América Latina, África –, formam o *circuito* dessa denominação evangélica que tem sua sede no Brasil, e dessa forma, mais que as particularidades regionais, constituem uma unidade de pesquisa.

E para ilustrar com um caso concreto de campo, recorro a uma recente pesquisa sobre o *circuito slam-poetry* (CHIESA, 2022). O *slam* é uma prática de encontros performáticos para declamar determinado tipo de poesia – não pode ultrapassar três minutos – em forma de competição. Surgida em Chicago, na década de 1980 e presente no Brasil desde 2008, está amplamente difundida: em São Paulo articula-se com a tradição da literatura marginal e dos saraus em bairros da periferia[11]. Na verdade, abrange todas as categorias: a casa de alguém é o *pedaço* onde determinado grupo se encontra, chega-se ao local do torneio (uma praça, as imediações de uma estação de metrô etc.) percorrendo inúmeros *trajetos* até a *mancha* onde os *slammers* se encontram para a competição; seus *circuitos* também se estendem além da cidade e até do país: a última "Copa do Mundo" foi em Paris/Belleville, de 23 a 29 de maio de 2022.

Tais categorias, surgidas da pesquisa de campo, permitiram então demonstrar que, contrariamente à ideia muito difundida do caos, da fragmentação, do desencontro que caracterizariam uma metrópole de grande porte, é possível

---

11. Está presente em 19 estados do país, com 160 campeonatos oficiais, e só em São Paulo são 60 comunidades (CHIESA, L.B. Slam-poetry: *a cura de ser quem somos*. Relatório de IC, 2022).

detectar regularidades em sua dinâmica. E como aconteceu inicialmente com o *pedaço*, para cuja constituição foi preciso recorrer à contribuição de Roberto DaMatta (1979) – a casa e a rua – outros autores permitiram fundamentar os demais termos dessa "família de categorias": o historiador Pierre Nora (1984) desenvolveu a noção de "lugares de memória": determinados espaços que, por suas características históricas, arquitetônicas e localização, constituem marcos referenciais importantes ao concentrarem informações e significados. Marc Augé, por sua vez, se apropriou desse termo e o transformou em "lugar antropológico" – ao mesmo tempo *princípio de sentido* para aqueles que o habitam e *princípio de inteligibilidade* para quem analisa (1994: 51). Do ponto de vista do ator social envolvido, trata-se de interpretação a partir de seu modo de vida, sua cosmovisão; o observador, por sua vez, reconhece, segue a indicação e a transforma numa ferramenta para ir além do contexto em que teve origem, em direção a outros mais gerais.

Entretanto, se inicialmente estavam muito ancoradas no espaço, foi preciso, como desenvolvi em texto posterior – *O circuito: proposta de delimitação da categoria* (MAGNANI, 2014) –, agregar a dimensão temporal às categorias: determinados *pedaços, trajetos* e até *circuitos* surgem em determinadas conjunturas e logo se dissolvem, ou então ocorrem de forma periódica.

E não poderia finalizar este tópico sem mencionar um novo desafio: Seria válido e producente aplicá-las para a cada vez mais recorrente utilização das redes sociais? Haveria um *netnopedaço*? Migrar de um grupo a outro conformaria um *trajeto*? E o conjunto dos grupos no Facebook ou os seguidores no Instagram poderiam configurar um *circuito* virtual? Pertinente e atual questão a ser elucidada com base em novas pesquisas sobre o tema foi abordada por Fabiana Botton em sua dissertação de mestrado (2022).

Procedimentos

São muitos os exemplos de aplicação dessas categorias realizados por integrantes do LabNAU, seja na forma de trabalhos de conclusão de curso, dissertações de mestrado, teses de doutorado e até mesmo em arguições (TOLEDO, 2019) – modalidade acadêmica de leitura crítica e avaliação final destas pesquisas universitárias. Entretanto, toda essa discussão em torno da Antropologia e, mais especificamente, da Antropologia Urbana e seus métodos, não ficou restrita ao interior da universidade: há várias experiências em parceria com outras instituições com utilização, conforme as circunstâncias, de diferentes instrumentos da etnografia: serão apresentadas e desenvolvidas em capítulos posteriores.

Sua aplicação, contudo, depende de alguns procedimentos, e o primeiro deles – que desenvolvi em artigo na revista *Horizontes Antropológicos* (MAGNANI, 2009) – distingue a etnografia como "experiência" e como "prática". A primeira alude a uma visão corrente sobre o fazer antropológico, com base em *insights* reveladores em campo. Para além de uma visão do senso comum, a expressão da antropóloga franco-marroquina Jeanne Favret-Saada (2005 [1991]) – *être affecté* – descreve essa atitude de se deixar afetar pelos imprevistos em campo, pelas pistas apontadas pelos interlocutores. Já a prática etnográfica aponta para um aspecto muitas vezes negligenciado ou deixado de lado: a cuidadosa preparação antes de partir para o campo, a construção do projeto, a consulta à bibliografia já publicada, a busca de contatos prévios.

Na sequência, o segundo procedimento, que estabelece uma contraposição com o modo de operar de outras disciplinas das Ciências Sociais, é a aproximação ao campo sintetizada na fórmula "de perto e de dentro": diferentemente do que ocorre com abordagens voltadas para escalas macro, o método etnográfico caracteriza-se como uma perspectiva "micro". Esta aproximação é tributária da observação participante – não há como não lembrar da saga de Bronislaw Malinowski nas Ilhas Trobriand: viver entre os kiriwineses, aprender a língua, participar de seu cotidiano.

No entanto, como afirmei em outro texto,

> trata-se de uma forma especial de operar em que o pesquisador entra em contato com o universo dos seus interlocutores e compartilha seu horizonte, não para permanecer lá ou mesmo para explicar ou interpretar a lógica de sua visão de mundo, mas para segui-los até onde seja possível e, numa relação de troca, contrastar suas próprias teorias com as deles e assim tentar sair com um modelo novo de entendimento ou, ao menos, com uma pista nova, não prevista anteriormente (MAGNANI, 2009).

Tal recomendação vale principalmente para as primeiras entradas em campo, quando ainda não se tem muita familiaridade com o tema do trabalho. Anotados no caderno de campo à medida que são observados, esses registros – diálogos com os interlocutores, uma frase chamativa aqui, outra acolá, particularidades de gênero, detalhes do entorno, fotos, algum desenho – vão ser passados a limpo, transcritos e complementados nos sucessivos relatos de campo, então já num texto ainda sem muita pretensão teórica, mas já com algum encadeamento, uma primeira narrativa. Este procedimento, pelo caráter ainda parcial, fragmentário de seus resultados, às vezes é apontado como uma deficiência do olhar etnográfico, aludindo a uma certa leitura de Geertz, a "visão microscópica" (2008). Mas, como observa Cláudia Fonseca,

> Este método de reunir partículas [...] requer do pesquisador boa dose de paciência (para registrar tantas coisas aparentemente inúteis) e coragem (para construir modelos lindamente equilibrados a partir de fragmentos da vida social minada de contradições e ambivalências). Indo além das falas, apostando na observação das práticas sociais, nossa abordagem apoia-se menos na linguagem normativa dos ritos do que na lógica informal da vida cotidiana inscrita no fluxo de comportamentos (2004a: 7).

Ademais, o próprio Lévi-Strauss, no texto "Lugar da Antropologia nas Ciências Sociais e problemas colocados por seu ensino", assegura:

> É por uma razão muito profunda, que se prende à própria natureza da disciplina e ao caráter distin-

tivo de seu objeto, que o antropólogo necessita da experiência do campo. Para ele, ela não é nem um objetivo de sua profissão, nem um remate de sua cultura, nem uma aprendizagem técnica. Representa um momento crucial de sua educação, antes do qual ele poderá possuir conhecimentos descontínuos que jamais formarão um todo, e após o qual, somente, estes conhecimentos se prenderão num conjunto orgânico e adquirirão um sentido que lhes faltava anteriormente (1991: 415-416).

Ou seja, em algum momento os fragmentos se juntarão num todo mais coerente. Por outro lado, "de perto e de dentro" não se opõe a seu par lógico, "de longe e de fora": a bem da verdade complementam-se, pois se a aproximação etnográfica não parte de variáveis de escala macrossociológicas, econômicas, demográficas e outras, não quer dizer que deve ficar restrita às fronteiras de seu recorte empírico, a "tentação da aldeia", como já denominei, ou seja, tornar-se especialista neste ou aquele terreiro de umbanda, festa popular, forma de lazer etc. Ao contrário: a continuidade da pesquisa, os *links* que estabelece com outros trabalhos sobre temas afins apontam para uma visão mais geral do fenômeno que se está estudando. Assim, uma pesquisa sobre determinado coletivo juvenil na periferia urbana, ao estabelecer relações com outros grupos, em diferentes contextos, incluindo relações de escolaridade, gênero e outras, caminha na direção de um entendimento sobre o tema mais amplo da juventude na cidade.

Dessa forma os dois planos, o da cidade em seu conjunto *versus* cada prática cultural associada a este ou àquele grupo de atores em particular, devem ser considerados como dois polos de uma relação que circunscrevem, determinam e possibilitam a dinâmica estudada. Para captar os vários planos dessa dinâmica, em consequência, é preciso situar o foco nem *tão de perto* que se restrinja à perspectiva de cada usuário ou recorte e nem *tão de longe* a ponto de considerar uma visão abrangente, mas genérica e sem rendimento explicativo. Em outros termos, nem no nível das grandes estruturas físicas, econômicas, institucionais da cidade, nem no das escolhas individuais: há planos intermediários onde se pode distinguir a presença de padrões, de regularidades. Para captá-los é preciso, portanto, modular o olhar. Entre o "de fora e de longe" e o "de perto e de dentro" certamente há nuanças e gradações que permitem variar ângulos e escalas da observação.

É esse olhar "de perto e de dentro" que permite observar o *cenário*, identificar *os atores* e desvendar as *regras* de suas práticas, comportamento e sociabilidade – a terceira recomendação para a aplicação das categorias. Numa primeira ida a campo, a recomendação é deixar-se afetar – na terminologia de Favret-Saada, citada mais acima – pelos sons, cheiros, cores, perceber o entorno, as edificações, objetos. Nesse recorte, os atores se fazem presentes em sua diversidade e mobilidade e aos poucos é possível registrar a regularidade de seus comportamentos.

A aproximação com a terminologia do teatro faz sentido: o comportamento dos *atores* nesse *cenário* – uma festa, um ritual, uma manifestação de rua – não é aleatório, segue um *script* que só se revela ao longo da pesquisa. Para cumprir o que Geertz propõe – "Fazer a etnografia é como tentar ler um manuscrito estranho, desbotado, cheio de elipses, incoerências, emendas suspeitas e comentários tendenciosos, escrito não com os sinais convencionais do som mas com exemplos transitórios do comportamento modelado" (2008: 8) – é preciso aplicar uma, duas, incontáveis vezes o conjunto *cenário/atores/regras* até esse estranho manuscrito ou *script* começar a exibir suas regularidades e, por meio da "descrição densa", distinguir entre a piscadela das falsas piscadelas, dos ensaios, das imitações (p. 5).

Surdos: uma experiência

O relato de uma experiência etnográfica em especial, entre tantas outras, pode elucidar melhor esse ponto: em 2002 coordenei uma pesquisa, novidade para mim e meus alunos, sobre surdos na cidade de São Paulo. Na verdade, foi uma solicitação de professores do Departamento de Linguística da USP, às voltas com um projeto de descrição da língua brasileira de sinais (libras). Saber que locais os surdos frequentam, contudo – seus *pedaços*, quais as formas de sociabilidade, seus *trajetos* na cidade –, parecia-lhes relevante, mas não estava em sua proposta inicial. Coube a nós então essa parte com a aplicação da *família de categorias*[12].

---

12. Os pesquisadores do Departamento de Linguística eram Evani Viotti e Leland McCleary. Esse relato está desenvolvido em Magnani, 2009 (Etnografia como prática e experiência. *Horizontes Antropológicos*, n. 32, 2009) e em Magnani, 2007 (Vai ter música? – Para uma antropologia das festas juninas de surdos na cidade de São Paulo. *Ponto Urbe*, ano 1, v. 1).

A primeira providência, como nada conhecíamos sobre o tema, foi fazer uma incursão na literatura médica para saber o que era surdez congênita, implante coclear e na de fonoaudiologia para entender a lógica na leitura de lábios e se havia escolas especializadas para eles. Todas essas providências, mais a elaboração de um projeto, fizeram parte da primeira das recomendações, acima mencionada, *etnografia como prática*.

Já em campo, a primeira *experiência*, que designamos como *reveladora*, foi depararmo-nos, num evento de rua do Centro de Recursos em Deficiência Múltipla, Surdo-cegueira e Deficiência Visual (Adefav), no dia 2 de junho de 2002, com Cláudia Sofia, moça surda-cega e que evidentemente não utilizava libras, pois não podia visualizar o movimento de mãos. Ficamos surpresos com sua forma de se comunicar: era por meio de um método chamado "tadoma": com uma mão na garganta do interlocutor e com os dedos da outra na comissura dos lábios, ela identificava, pela vibração, os fonemas que eram pronunciados[13].

A partir desse evento fomos informados de outro, num colégio dirigido por freiras católicas da congregação das Camilianas, onde se realizava todos os anos uma festa junina na quadra de esportes, congregando surdos de toda cidade e até de fora, com seus familiares, professores, amigos etc. Uma *mancha*, talvez? – e, inevitável, a pergun-

---

13. A expressão deriva do nome de duas crianças surdas, Winthrop Tad Champman e Oma Simpson, treinadas nesse sistema pela Professora Sophia Alcorn na década de 1970 no Kentucky School for the Deaf em Denville Kentucky, EUA.

ta: "Festa junina de surdo tem música"? A partir daquela primeira experiência, da jovem surda-cega, reveladora de uma inédita habilidade em vez de uma dupla "deficiência", a pesquisa seguiu, animada:

> O Instituto Santa Teresinha convida para a tradicional festa junina que se realizará no dia 15 de junho das 16 às 22 horas de 2002, na Rua Jaguari, 364, na quadra de esportes da Oemar. O comprador deste convite concorrerá ao seguinte prêmio: 1 máquina fotográfica digital – clone.

Trechos do relato de campo, na descrição do *cenário*:

> O meu ingresso, que custou R$ 3,00, era de número 1.529; como cheguei em torno das 20h, ele pode ser tomado como um indicador da quantidade de pessoas que até aquele momento tinham ido ao evento. E essa foi, de fato, uma experiência nova. Em contraste com o clima tranquilo e familiar da festa da Adefav, aqui o ambiente era mais agitado, as pessoas estavam bastante animadas e realmente havia muita gente. Os ônibus nas imediações atestavam que tinha vindo gente de outras cidades e até de outros estados. Tive a sensação de estar entrando numa "comunidade em festa", numa aldeia em efervescência: nunca tinha visto tantos surdos juntos, e essa densidade permite percepções vívidas e ricas de suas formas de sociabilidade, de suas particularidades como grupo diferenciado.
>
> Como um estrangeiro, caminhava no meio deles apreciando as rodinhas de conversa, dos grupos de amigos, os casais, as conversas, a forma como estavam vestidos; pelo fato de não dominar a língua de sinais, não me prendi a nenhum grupo, nem procurei decifrar o que diziam; interessava-me, nes-

se momento, fazer uma imersão nesse ambiente novo, cujo código básico de comunicação me era estranho. Como eram as regras de etiqueta? Pode-se passar no meio de uma roda de conversa? Como pedir desculpas por um esbarrão? Completamente ignorado por todos, restavam-me outros códigos e outros planos de observação, sendo obrigado a apurar o olhar, já que os significados não podiam provir por intermédio do som. São raros esses momentos na experiência etnográfica: a prática mostra que aos poucos vai se adentrando no universo do outro, que acaba perdendo essa capacidade de maravilhar, e termina tornando-se familiar ao observador (trecho de relato de campo, publicado em MAGNANI, 2011).

Num determinado momento subi os degraus da arquibancada diante da quadra onde rolava a festa e, lá de cima, pude assistir a um espetáculo realmente inusitado: a disparidade entre a multidão e o barulho que deveria estar fazendo se fosse uma festa de ouvintes; em contraste, havia um fervilhar de mãos numa espécie de frenética pantomima, ao menos aos olhos de um leigo. Em termos plásticos e coreográficos o espetáculo era realmente impressionante e me perguntei se o efeito do barulho, da algaravia, da música no último volume sobre um ouvinte seria da mesma ordem, em termos até de uma experiência estática, ao efeito produzido pelo "mar de mãos", sobre uma pessoa surda...

A pesquisa teve continuidade: outras escolas visitadas, igrejas evangélicas com presença de surdos, assim como missas católicas, praças de alimentação de *shopping centers* ocupadas em determinados períodos por grupos de surdos: o *circuito* se delineava. No entanto, outra experiência, também *reveladora*, merece destaque, mas desta vez suscitada por uma frustração em campo: já conhecendo uma parte do *circuito* dos surdos, fui a uma comemoração, a "Festa do Cowboy Surdo", na Associação dos Surdos de São Paulo, num sobrado no Bairro Jabaquara, zona sul da cidade:

> Comprei o ingresso e, uma vez lá dentro, consegui fazer contato com uma pessoa que, por meio da leitura labial, entendeu minha pergunta e confirmou que, "sim, ali era a festa", naquela voz típica de surdo oralizado. Busquei um bom lugar, sentei-me esperando o que iria acontecer, pois havia pouca gente ainda. À medida que as pessoas chegavam, cumprimentavam-se efusivamente e logo entabulavam conversa na sua língua de sinais – e eu lá, sentado numa cadeira, esperando alguma coisa acontecer... (mas torcendo para que antes chegasse um intérprete ou algum conhecido, pois não estava entendendo nada e não podia circular porque o ambiente era pequeno). Cada vez chegavam mais surdos e, eles sim, se conheciam, formando grupinhos animados; divertiam-se muito, riam, comunicavam-se e eu absolutamente alheio, sem a menor chance não só de entender o que diziam, mas de provocar algum contato: sentia-me fora de seu foco visual, era percebido num relance e imediatamente classificado como de fora daquele pedaço, impossibilitado de ser integrado por não dominar o código de reconhecimento e comunicação. A situação de desconforto foi num crescendo até que chegou um momento, depois de quase três horas de isolamento, de silêncio, de não entender nada e de não poder participar, em que resolvi ir embora, absolutamente

frustrado com essa experiência, tão diferente das duas anteriores (trecho de relato de campo publicado em MAGNANI, 2011).

Mas, chegando a casa, pus em prática uma das regras do trabalho etnográfico após a volta do trabalho de campo, que é rever e passar a limpo as anotações do caderno, seja o que for que tenha acontecido (ou não) e fazer o *relato de campo*. E à medida que fui descrevendo o que havia ocorrido naquele *cenário*, num determinado ponto da escrita dei-me conta – e anotei, como dado relevante – que tinha se passado comigo o mesmo que acontece com eles quando, minoritários, estão num ambiente que não é o seu *pedaço*, mas dominado pelos ouvintes: são ignorados em sua diferença. Assim, por um caminho inesperado, uma impressão nova, pessoal e contrastiva fez parte do legado que começava a ser acumulado na pesquisa sobre o tema.

Esta foi a segunda experiência, mas desta vez não em campo e sim na hora da escrita. Como não lembrar do que expõe Marilyn Strathern com sua expressão "o momento etnográfico"? No livro *O efeito etnográfico* (2014) a autora descreve algumas estratégias da inserção em campo e sua contrapartida na elaboração posterior. Segundo ela, a tarefa é não apenas compreender os efeitos de certas práticas na vida das pessoas, mas recriar esses efeitos no contexto da escrita; a análise já começa em campo, mas a influência dos atores sociais (os "anfitriões" do etnógrafo, na linguagem da autora) continua. A divisão entre tais momentos cria dois tipos de relação: a primeira separa, dando a ideia de que uma coisa é a observação e, outra, a análise; mas a segunda relação os junta – e este é o "momento etnográfico":

> O momento etnográfico é uma relação, assim como um signo linguístico pode ser pensado como uma relação (ao juntar significante e significado). Poderíamos dizer que o momento etnográfico funciona como exemplo de uma relação que junta o que é entendido (que é analisado no momento da observação) à necessidade de entender (o que é observado no momento da análise) (p. 350).

Então, para concluir esta parte do livro, que começa na Antiguidade repassando as sucessivas denominações derivadas dos encontros com o *Outro*, até chegar aos desafios impostos pela escala e complexidade das cidades contemporâneas – onde o *Outro* pode estar ao lado, mas ainda separado por diferenças de classe social, gênero, raça, faixa etária, entre outros marcadores –, cabe ressaltar o papel da Antropologia nessas trajetórias. As sucessivas aproximações com o desconhecido produziram espanto, levantaram dúvidas, suscitaram perguntas, engendraram procedimentos de encontro, observação e análise constituindo o arcabouço que até hoje, *mutatis mutandis*, forma o legado da disciplina.

Nas partes que seguem – "Fazeres" e "Experimentos" – esse legado, referido à Antropologia Urbana, será desenvolvido com base nas experiências de campo de pesquisadores clássicos e contemporâneos que contribuíram para sua atualização e aprimoramento conceitual e metodológico.

Parte II

Fazeres

Enrico Spaggiari
Mariana Hangai Vaz Guimarães Nogueira
Rodrigo Valentim Chiquetto
Yuri Bassichetto Tambucci

Parte II

Fazeres

4
Preparativos

Paul Radin, aquele simpático e inteligente antropólogo austro-americano, disse uma vez que ninguém sabe muito bem como faz o próprio trabalho de campo. Talvez devêssemos ficar por aí. Mas quando eu era um jovem e sério estudante em Londres, achei que seria bom obter algumas indicações de pesquisadores experimentados antes de partir para a África Central. Recorri primeiro a Westermarck. Tudo que consegui dele foi: "Não converse com um informante por mais de 20 minutos, pois se a essa altura você já não estiver entediado, ele certamente estará". Excelente recomendação, embora um tanto inadequada. Procurei em seguida aconselhar-me com Haddon, que se distinguira na pesquisa de campo. Ele me disse que tudo era muito simples: bastava portar-se como um cavalheiro. Outro bom conselho. Seligman, meu professor, mandou-me tomar dez grãos de quinino toda noite e ficar longe das mulheres. Sir Flinders Petrie, o famoso egiptólogo, disse-me apenas para não me preocupar com ter de beber água suja, pois logo se fica imunizado contra ela. Por fim, falei com Malinowski, e ele me disse para não ser um maldito idiota, e então tudo iria bem. Como veem, não há uma resposta única – muito depende do pesquisador, da sociedade que ele estuda e das condições em que tem de fazê-lo (EVANS-PRITCHARD, 2005 [1940]: 243).

A passagem acima, extraída de um conhecido texto escrito pelo antropólogo britânico Evans-Pritchard como anexo ao seu livro *Bruxaria, oráculos e magia entre os Azande*, apresenta com certo tom anedótico uma questão que há muito persegue quem se dedica ao ofício antropológico: Como se faz o trabalho de campo? Mesmo depois de cursar disciplinas e aulas teóricas, é comum perceber a aflição de estudantes que vão a campo pela primeira vez, preocupados com a ideia de colocar em prática o que aprenderam em sala de aula. Durante um curso de Antropologia Urbana[14], quando se realizou um exercício de campo, um dos alunos mais aplicados e interessados da disciplina de repente ficou sério e voltou correndo para fazer uma última pergunta: "Como eu converso com as pessoas?" Esta questão pode se desdobrar em muitas outras, também difíceis de responder e sempre com a mesma questão: Como se aprende a fazer etnografia? Do outro lado da interação, de modo equivalente, também surge uma pergunta fundamental e de resposta difícil: Como ensinar a prática etnográfica?

Por ter uma significativa centralidade na produção do conhecimento, a etnografia deve ocupar um lugar importante no processo de ensino e aprendizado de Antropologia. Mas como ocorre esse processo de formação para

---

14. Curso de Difusão — Antropologia Urbana: tradições, perspectivas e desafios, ministrado por José Guilherme Magnani, Enrico Spaggiari e Yuri Bassichetto Tambucci (2019, EACH, USP).

a prática etnográfica? Para abordar essa questão, deve-se pensar, inicialmente, sobre o modo como se concebe a transmissão do próprio conhecimento antropológico a partir das dinâmicas de ensino e aprendizado de uma disciplina reconhecida por sua constante preocupação em refletir sobre modos de fazer.

Ensino e aprendizado

O debate sobre o ensino e aprendizado de Antropologia revela questões fundamentais não só sobre a formação de estudantes e profissionais, mas sobre o próprio fazer antropológico no Brasil e o processo de institucionalização, consolidação e profissionalização da disciplina no país, sobretudo no Ensino Superior[15].

Antropólogos e antropólogas têm debatido esta questão (VEGA SANABRIA; DUARTE, 2019), com todas as particularidades que traz, como revelam as diversas publi-

---

15. Não cabe aqui detalhar a longa história de institucionalização da Antropologia no Brasil, mas vale destacar que a formação acadêmica específica na área tem início com a criação dos primeiros programas de pós-graduação após a reforma universitária nos anos de 1960, período marcado por avanços nos estudos etnológicos, rurais e de movimentos sociais e antirracistas (DURHAM, 2005): o programa de mestrado no Museu Nacional/ (UFRJ (1968), Unicamp (1971) e UnB (1972); em 1972 foi criado o programa de doutorado em Antropologia da USP. Nas décadas seguintes com a contínua expansão dos programas de pós-graduação em Ciências Sociais, por uma lógica de fusão ou segmentação de disciplinas, outros temas ganharam relevo na análise antropológica: diversidade cultural, movimentos identitários e defesa dos direitos fundamentais das minorias. Nas últimas décadas foram criadas as primeiras graduações específicas em Antropologia, apesar de a maioria dos cursos de graduação ser em Ciências Sociais – com habilitação em Antropologia, mas sem uma titulação na área.

cações acadêmicas sobre o tema desde a metade do século XX, quando ainda iniciava o processo de institucionalização de uma disciplina – "a mais jovem das ciências sociais" (RAMOS, 2015 [1948]) – que, em seus primeiros anos no Brasil, estava vinculada à presença de professores estrangeiros ou intelectuais polivalentes não especializados na área.

Nas últimas décadas, após a reestruturação da disciplina em termos institucionais, com a criação de programas de graduação e pós-graduação, o ensino e a formação de antropólogos(as) continuaram a ser objeto de reflexão. Ainda que sem muita preocupação teórica, foram produzidos relatos de trajetória, textos memorialísticos, homenagens e publicações opinativas baseadas em experiências didáticas pessoais de especialistas reconhecidos na área (VEGA SANABRIA, 2015).

A formação de profissionais dessa área no Brasil mudou muito desde a metade do século XX e continua a se reinventar frente aos novos desafios colocados ao ensino e pesquisa nos cursos de Ciências Sociais – que articulam principalmente Antropologia, Ciência Política e Sociologia, mas que podem abranger outras disciplinas, como História, Economia e Geografia – e graduações específicas em Antropologia a partir dos anos de 2000. Atualmente, a expansão da Antropologia dentro e fora das universidades, abrangendo outros espaços formativos e modalidades de ensino (principalmente com a inclusão da Sociologia no Ensino Médio a partir de 2009), aponta igualmente para a importância de se pensar a formação de profissionais de outras áreas com diferentes contatos com a Antropologia e a prática etnográfica[16].

Vega Sanabria e Duarte (2019) veem o interesse no ensino como uma atualização da capacidade de autorreflexão da disciplina, ainda que percebam que o tema não é central na produção antropológica. Para eles, enquanto o tema do ensino é primordial para compreender a história institucional, é secundário analiticamente. Contudo, frente aos objetivos deste capítulo, não se trata aqui de tomar o ensino de Antropologia como um objeto de estudo, mas sim pensar como a etnografia atravessa o processo de formação de estudantes e profissionais.

Mais do que refletir sobre organização do ensino de Antropologia e o modo como ele é estruturado – suas escolas, paradigmas, conceitos, temas e linhas teóricas, o que exigiria examinar dinâmicas e vertentes intelectuais mais amplas do campo antropológico[17] –, o objetivo deste capítulo é abordar, de maneira crítica, sobre como se dá o processo de formação de profissionais qualificados para a prática etnográfica: tema analisado de forma menos sistemática, quase como um "tabu".

---

16. Como revela a experiência metodológica e pedagógica realizada nos CEUs em São Paulo e que será abordada no capítulo 8.
17. Além de serem temas de discussão nas universidades e grupos de pesquisa, o ensino e a formação têm sido problematizados pela Associação Brasileira de Antropologia (ABA) em seus espaços coletivos de troca, como as reuniões bienais e a Comissão de Ensino de Antropologia, criada em 2004. Além disso, cabe destacar as diversas publicações da ABA sobre o tema desde a década de 1990 (TRAJANO; RIBEIRO, 2004; GROSSI; TASSINARI; RIAL, 2006; TAVARES; GUEDES; CAROSO, 2010).

Ler etnografias

Nos cursos de graduação em Ciências Sociais é de praxe que os estudantes leiam monografias e entrem em contato com as narrativas clássicas trazidas por antropólogos que fizeram pesquisas de campo. A leitura de monografias, clássicas e contemporâneas, principalmente quando se está iniciando os estudos de Antropologia, é uma proposta didática fundamental também para conhecer as várias escolas, seus principais autores e obras. O primeiro contato dos estudantes com a prática etnográfica é justamente através da leitura dos produtos textuais de uma monografia – a última etapa do processo de investigação.

Aprende-se em sala de aula colocando-se no lugar de Malinowski, homem branco polonês que, resignado, vê seu navio partir deixando-o isolado entre os habitantes das Ilhas Trobriand. Aprende-se ao ler sobre Geertz fugindo durante uma batida policial em Bali por ocasião de uma rinha de galos e percebendo que isso o aproximava das pessoas com quem queria conversar. Aprende-se com o esforço de Evans-Pritchard em conciliar sua visão de mundo com a aparição de uma luz que atravessa a aldeia dos Azande, prontamente classificada por seus interlocutores como magia. São as etnografias que transmitem e propagam esse pensar em correspondência sobre o mundo e, principalmente, dão significado a esses imprevistos (INGOLD, 2016).

A formação antropológica passa, sem dúvida, pelo domínio de conceitos clássicos, leitura de monografias e suas diferentes paisagens etnográficas, principalmente diante da tendência de se ler uma seleção enxuta, partes ou poucos capítulos, sempre os mesmos, destas obras originais. Segundo Rocha e Eckert (2008),

> Pela leitura das etnografias, o(a) pesquisador(a) vai participando cada vez mais de uma comunidade de comunicação que compartilha de um estilo de produção do conhecimento, sempre orientado(a) por interrogações e inquietações de seu tema e objeto de pesquisa: O que está se passando naquele momento em que um determinado acontecimento está ocorrendo? Quem faz o quê nestas situações? Quem é quem na ordem destes acontecimentos? Quais as razões de tudo aquilo se passar da forma como está se passando? Quais as razões das coisas serem como são? (ROCHA; ECKERT, 2008: 13-14).

As questões levantadas pelas autoras só podem ser respondidas a partir de uma análise desse produto final e de imaginação sobre as etapas do trabalho etnográfico realizado por outros pesquisadores. Em meio às mudanças de enfoque, temas e linhas teóricas, as etnografias clássicas continuam a despertar novas leituras e *insights*, pois as boas etnografias podem sempre, quando relidas, revelar dados e questões empíricas, visto que a produção de conhecimento e os procedimentos etnográficos ainda que em constante processo de renovação, podem ter como referência os experimentos clássicos. Mas será que somente o exercício de leitura, ou de "ler pela etnografia", como defende Michael Fischer (2009)[18], é suficiente para aprender o ofício antropológico?

Cultivo da espontaneidade

Não se discute a importância da leitura de textos etnográficos. Os relatos de experiências particulares são valiosos ao compartilharem diferentes reflexões, situações e constrangimentos vivenciados durante o trabalho de campo. Contudo, a etnografia apresenta questões e desafios que somente podem ser enfrentados a partir do que é vivenciado no trabalho de campo, quando o fazer etnográfico é constituído no diálogo entre visões de mundo diferentes. Assim, embora ler etnografias seja uma importante dinâmica de aprendizado, que orienta os primeiros passos nos trabalhos de campo, há algumas lacunas que apenas a leitura de monografias clássicas e contemporâneas não consegue preencher. As experiências vividas em campo, por serem únicas, norteiam os rumos de uma pesquisa e sedimentam esse aprendizado.

A ênfase na leitura muitas vezes fortalece "um certo *ethos* do cultivo da espontaneidade do fazer antropológico

---

18. "A produção do conhecimento (tanto em Antropologia quanto em qualquer outro campo) é uma espiral: as problemáticas em uma geração se exaurem ou não são mais consideradas produtivas, mas uma geração mais nova redescobre, reformata e as reaproxima para tratar temas sociais e culturais emergentes. Uma das coisas que torna isso possível é fornecer detalhes etnográficos à exaustão. Pode-se, então, voltar para trabalhos anteriores à procura de evidências empíricas, mesmo se a teoria ou o argumento não é mais aceito. Chamo isso de 'ler pela etnografia'" (FISCHER, 2009: 23).

que é muito romântico" (VELHO, 1995: 106). A ideia de espontaneidade pode levar a uma percepção de que esse método de pesquisa não seria propriamente ensinável, ou apenas em certa medida, além de reforçar uma ideia de talento individual do pesquisador, uma "vocação" para o trabalho etnográfico.

Quem pratica antropologia profissionalmente pode até se referir à sua habilidade etnográfica como algo que se torna parte de si mesmo, uma habilidade que, depois de adquirida, passa a compor seu modo de viver e de pensar, como apontou o jovem Lévi-Strauss a partir de suas primeiras experiências etnográficas em *Tristes trópicos*: "Como a matemática ou a música, a etnografia constitui uma dessas raras vocações autênticas, alguém pode descobri-la em si mesmo, ainda que não lhe tenham ensinado" (LÉVI-STRAUSS, [1955] 1996). Nessa concepção, a etnografia parece ser um dom, uma "vocação autêntica" que se revela na prática.

Contudo, o aprendizado do ofício não pode ser reduzido à ideia de vocação ou de um "dom" a ser descoberto. O processo de iniciação à pesquisa etnográfica é marcado por uma série de aprendizados e provações: definição de um recorte de pesquisa, elaboração de um projeto, longos períodos, muitas vezes solitários, de reflexão e escrita de relatos de campo, produção de um relatório etc. Portanto, o "cultivo da espontaneidade" tensiona não somente a necessidade de uma educação antropológica formal para a realização de boas etnografias, mas também o próprio processo de produção de etnografias.

De fato, a etnografia, reconhecida por ser uma "investigação artesanal e minuciosa de ideias, sentidos e significados" (GUEDES, 2010: 73), sempre foi experimental (MARCUS; FISCHER, 1986). No entanto, a espontaneidade desse fazer "artesanal", marcado por estratégias de pesquisa criativas, tem que estar aliada a um rigor metodológico construído a partir do domínio de certos instrumentos e técnicas.

A pesquisa etnográfica apresenta protocolos metodológicos, porém não se pode tomá-los como rígidos e aprioristicos. Ela tampouco pode ser entendida somente como um conjunto de técnicas, procedimentos e ferramentas para coleta e análise de dados, como observação, anotações, entrevistas, questionários, mapeamentos. Como lembra Magnani (2002: 17), "O método etnográfico não se confunde nem se reduz a uma técnica, ele pode servir-se de várias; conforme as circunstâncias de cada pesquisa, ele é antes um modo de aproximação e apreensão do que um conjunto de procedimentos". Dependendo do tema, enfoque ou contexto abordados, diferentes técnicas podem ser empregadas, sabendo que algumas podem ser mais adequadas ou mesmo combinadas entre si, dependendo dos objetivos da pesquisa.

Deve-se evitar uma instrumentalização excessiva da prática, pois as experiências vividas em campo não podem ser resumidas e transmitidas como dados ou informações de forma automatizada. O método, se muito rígido, também pode limitar os desdobramentos de uma pesquisa etnográfica, prendendo as rotinas em campo a certos pressupostos metodológicos, deixando escapar os famosos "achados" ou *insights*, momentos que surgem de forma espontânea, em meio a discussões, conversas animadas e situações inesperadas, mas para os quais quem pesquisa deve estar preparado. Como assegura Alexandre Barbosa Pereira:

> [...] a etnografia exige um equilíbrio bastante frágil entre desapego a uma rigidez metodológica e um profundo rigor intelectual, que se engaja em uma forma bastante particular, nunca definida de antemão, mas construída em campo, de interagir com um objeto de pesquisa que é da mesma natureza do pesquisador (PEREIRA, 2022: 325).

Nesse sentido, mesmo sabendo que não é possível sintetizar as dinâmicas da experiência etnográfica em um manual de caráter meramente técnico, entende-se que seja possível mapear e delimitar um protocolo básico, para evitar certas abstrações e fugir de uma visão um tanto caricatural das etnografias clássicas. Trata-se, como já informado na introdução deste livro, de um protocolo de pesquisa desenvolvido a partir de experiências acadêmicas, discussões teóricas e experiências de campo variadas pelas quais passaram os autores da obra, mas que não pretende esgotar as possibilidades do método. Portanto, cabe agora apresentar algumas orientações fundamentais para o momento inicial de preparação da pesquisa, processo marcado por leituras, elaboração de projeto, delimitação de recortes, instrumentalização, entre outras etapas e requisitos.

Construção da pesquisa

A investigação antropológica pode assumir muitas formas; mesmo que se restrinja essa diversidade às pesquisas que utilizam como metodologia a etnografia, ainda há uma infinidade de possibilidades para seus estudos. Estes podem ocorrer em diferentes etapas da carreira de pesquisadores – desde projetos de iniciação científica até aqueles que resultam de décadas de trabalho. Também podem ocorrer em contextos mais acadêmicos ou "aplicados" a partir da demanda da sociedade ou de organizações públicas e privadas, como será mostrado no capítulo 8.

Em todos os casos, as pesquisas passam por um processo de concepção, às vezes mais formal, outras informalmente, com o amadurecimento do pesquisador e maior clareza de suas questões. Como afirma Evans-Pritchard, "não se pode ter as respostas quando não se sabe quais as perguntas" (2005 [1940]: 243). Para orientar a construção das questões e das estratégias de uma investigação científica, um caminho possível é explorar um modelo de projeto de pesquisa.

Um projeto é um texto no qual o pesquisador apresenta as questões que guiam seu interesse, explica a relevância de sua proposta e descreve as estratégias metodológicas para chegar aos seus objetivos. Esse é um tipo de texto que geralmente se destina a bancas de seleção, órgãos de fomento, possíveis orientadores e financiadores, uma ampla gama de leitores, certamente, que geralmente se encontram em posições hierárquicas superiores à do pesquisador ou exercem o papel de orientação. Apesar disso, seu caráter sempre inicial, provisório e hipotético faz com que ele não seja tornado público como são teses, dissertações, artigos e outras formas de comunicação de uma pesquisa encerrada ou em andamento. Quando são compartilhados, os projetos circulam em ambientes restritos: grupos de estudo e apoio acadêmico, núcleos de pesquisa e relações entre pares.

Embora compreensível, há pouco material disponível para servir de referência para futuros pesquisadores; por esta razão é que em muitos programas de pós-graduação existe uma disciplina voltada para a leitura dos projetos de cada turma, permitindo que os pesquisadores em formação recebam comentários sobre seus textos e ampliem um repertório metodológico e de escrita. De fato, pensar nas características fundamentais do projeto pode auxiliar o próprio pesquisador a conceber com mais clareza suas intenções. Criar um projeto implica, portanto, a própria concepção da pesquisa. Sua preparação obriga o pesquisador a pensar com clareza suas perguntas, seu recorte e estratégias.

Há muitas formas de se construir um projeto, variando de acordo com editais e tradições de cada instituição, mas entre os diferentes modelos há regularidades que ajudam a entender suas partes fundamentais. A seguir, será apresentado um formato específico (e não exclusivo) que pode ser tomado como exemplo para a elaboração de propostas de investigação científica na área de Ciências Humanas, ajudando-nos também a refletir sobre esta etapa inicial das pesquisas.

I – Introdução

O projeto pode começar com um recurso estilístico emprestado do jornalismo: o *gancho*, uma notícia da mídia alusiva ao tema, um trecho de entrevista, um caso exemplar do campo, com o objetivo de capturar, chamar a atenção do leitor não familiarizado com o *tema*, conjunto de questões, pesquisas etc. reconhecido na área: religião, cidade, lazer, cultura popular, patrimônio, gênero, jovens etc. Por fim, o *objeto*: o recorte empírico, a escolha específica do projeto em questão: tal ou qual instituição, coletivo, prática esportiva, circuito, bairro etc., mas não é preciso usar esses termos, *gancho*, *tema* e *objeto*, como subtítulos.

II – Justificativa

Deve apontar para a importância e atualidade do tema e principalmente do objeto da pesquisa, argumentando no sentido de que ainda não foi suficientemente explorado, ou necessita de outro tratamento e merece, portanto, esse estudo. Requer conhecimento da literatura atual já produzida, é o "estado da arte"; os autores que entram aqui são os contemporâneos, porque os clássicos, aqueles mencionados para fundamentar a pesquisa, estarão no item Quadro de Referência Teórico. Cabe aqui também o histórico do objeto escolhido, se necessário.

III – Objetivo

De forma concisa toma o "objeto" e o transforma numa "questão": é o que se pretende, como resultado do trabalho; divide-se em:

• Geral.

• Específicos: subprodutos, tais como a elaboração de um catálogo, de um vídeo, uma exposição, genealogias etc.

IV – Quadro de referência

Teórico: Os autores/obras/conceitos que fundamentam a escolha feita, orientam o levantamento dos dados e permitem a interpretação esperada (autores clássicos).

Metodológico: Exposição da estratégia a ser seguida na coleta dos dados. Inclui:

- Técnicas que serão utilizadas: observação direta, observação participante, histórias de vida, entrevistas abertas, questionários.
- Gravações, registro fotográfico.
- Fontes: Arquivo do Estado, Biblioteca Municipal, Cinemateca, Arquivo Paroquial, redes sociais.
- Dias, horários, locais.

V – Cronograma
Quadro de dupla entrada: atividades/período.

VI – Bibliografia
Esquema proposto na disciplina Pesquisa de Campo em Antropologia (FLLCH/DA/USP) responsáveis: José Guilherme Cantor Magnani e Laura Moutinho.

Preparação para o campo

Uma vez construído o projeto é preciso voltar a atenção para a realização da pesquisa propriamente dita, que geralmente tem como etapa principal a realização de um trabalho de campo por meio da observação participante. Todavia, ainda há um conjunto de preparativos que se configuram como uma etapa prévia ao trabalho de campo, cuja importância não deve ser desconsiderada.

Essa etapa preliminar não precisa ser sempre a mesma, uma vez que deve dialogar com as especificidades de cada pesquisa, mas vale a pena trazer alguns procedimentos comuns que ao menos ajudem os pesquisadores a refletir sobre o que pode ser feito para auxiliar o trabalho etnográfico.

Há dois tipos de problemas que envolvem a realização de um pré-campo. Em primeiro lugar, o planejamento das atividades a serem realizadas não pode ser entendido como algo fixo e imutável. É antes uma preparação provisória que dá ao pesquisador elementos para desenvolver seu trabalho e fazer escolhas informadas por um olhar geral. Nenhuma preparação anterior deve tirar a liberdade do campo, de seguir seus interlocutores e aprender com eles sobre os temas que se deseja trabalhar.

Um segundo tipo de problema que envolve a realização do pré-campo é dar-lhe pouca importância acreditando que mesmo sem preparo o trabalho de campo "funcionará". Não há nada de errado em se acreditar em "forças misteriosas" que garantem ao pesquisador estar no lugar certo e na hora certa para conhecer os modos de vida que pretende estudar: muitas vezes isso ajuda a dar tranquilidade e confiança para o desenvolvimento do trabalho. Entretanto, são também a formação acadêmica e a experiência de pesquisa – além do próprio levantamento prévio já realizado – que fornecem os recursos e habilidades para que o pesquisador possa lidar com a imprevisibilidade inerente à etnografia, improvisando e adaptando-se a cada situação. A preparação, assim, pode ser vista como uma etapa do trabalho que tem a capacidade de potencializar as possibilidades da observação participante.

Cada ida a campo envolve diferentes formas de preparação e uma delas consiste em incursões exploratórias, que servirão para auxiliar na definição do problema de pesquisa e do recorte; outra seria a realização de experiências-piloto, em que a metodologia escolhida é testada; além, é claro, das repetidas experiências de campo que devem ocorrer para que o pesquisador mantenha sua investigação. Ainda é possível pensar em incursões a campo comparativas, seja em contextos distintos daquele de sua pesquisa, que podem estimular novas abordagens para o seu trabalho, seja em momentos diferentes, como a volta a um contexto de pesquisa anterior, para explorar o que mudou e o que permanece ao longo do tempo.

É importante recuperar as referências bibliográficas do projeto de pesquisa e pensar quais questões podem ser importantes para planejar a experiência de campo. É possível, de forma complementar, averiguar se há algo, nessa bibliografia, relacionado especificamente ao contexto em que ocorrerá a observação participante. Há também outros tipos de registros e de materiais que podem trazer informações importantes nesta etapa preliminar. A facilidade de se pesquisar por notícias, avaliações e informações em redes sociais pode ser muito bem aproveitada nesse momento. Ainda que seja necessário sempre levar em conta a origem dos dados, informações, sua autoria e os interesses que regem a publicação de cada material, as informações encontradas *on-line* podem ajudar no entendimento prévio do campo e no planejamento das atividades de pesquisa.

Antes de sua ida a campo, todo pesquisador realiza, ainda que de forma básica, um planejamento de suas atividades. Essa é sempre uma etapa muito importante porque ajuda na delimitação de cada tarefa. Há perguntas básicas para responder: Onde será o campo? O que se imagina encontrar? Que roupa vestir? Quanto tempo aproximadamente deve durar a experiência? É preciso fazer algum contato prévio com os interlocutores? Esse planejamento também está relacionado à segurança e bem-estar do pesquisador. Há uma série de problemas que podem ter suas consequências minimizadas com alguns cuidados anteriores. Ao realizar o trabalho de campo há sempre o risco de se perder, de ficar sem recursos materiais, de não se alimentar ou descansar adequadamente, além de estar passível a formas de violência. Qualquer pesquisa possui seus riscos, mais ou menos graves. Uma preparação minuciosa é, portanto, buscar imaginar os problemas e antecipar-se a eles.

A escolha dos instrumentos

Para encerrar a etapa de preparação para o trabalho etnográfico, o pesquisador deve escolher e preparar seus instrumentais de pesquisa, isto é, aqueles procedimentos que o ajudarão a registrar os resultados de sua observação. Lembrando que o objetivo de uma etnografia é produzir um texto a partir de um encontro entre as perspectivas e visões de mundo do antropólogo e de seu interlocutor, o registro dessas experiências é fundamental para transformar a vivência em etnografia.

O instrumento de pesquisa mais emblemático para os antropólogos é "O velho (e bom) caderno de campo" (MAGNANI, 1997). Como objeto físico, é capaz de aceitar com bastante versatilidade tanto aquilo que o pesquisador observa como seus próprios dilemas, angústias e experiências. O caderno, ora relato de viagem ora diário no sentido estrito do termo, é um objeto pessoal, um registro em primeira mão que articula os dois momentos constitutivos da prática etnográfica, segundo Clifford Geertz (2004 [1983]): a experiência próxima e a experiência distante. Para Magnani,

> [...] ao transcrever a experiência da imersão, corresponde a uma primeira elaboração, ainda vernacular, a ser retomada no momento da *experience-distant*. Quando já se está "aqui", o caderno de campo fornece o contexto de "lá"; por outro lado, transporta de certa forma para "lá", para o momento da *experience-near*, a bagagem adquirida e acumulada nos anos gastos "aqui", isto é, na academia, entre os pares, no debate teórico (1997: 11).

Há ainda outro aspecto do caderno que o torna símbolo da atitude fundamental do antropólogo: sua associação direta à experiência do aluno, do iniciante que passa por um processo de educação. Do ponto de vista simbólico, chamá-lo de caderno coloca-o em um campo semântico do estudante, aquele que está em processo de aprendizagem. "Mente zen, mente de principiante", ensina, em outro contexto, o Mestre Shunryu Suzuki (2004). Isso é extremamente adequado para descrever a atividade do antropólogo que, durante o trabalho de campo em que realiza a observação participante, está fundamentalmente sendo educado pelos *Outros* com quem estuda. Seu processo é o de um aprendiz que procura aos poucos educar-se em relação a formas de vida, práticas culturais e conhecimentos que não são os seus. O que se registra no caderno é fruto do encontro com seus interlocutores, de uma atitude ativa de aprendizagem de uma realidade que não é a do pesquisador.

No *caderno de campo* registram-se as primeiras impressões, os primeiros choques e até os equívocos que surgem do atrito entre visões de mundo. O que se registra adquire sua relevância quando incorporado ao *relato de campo* e ao *relatório de pesquisa*, formas textuais que resultam da etnografia e que serão abordadas posteriormente no capítulo 6; mas é apenas no caderno de campo que podem se registrar, da maneira mais direta, os "resíduos reveladores" (PEIRANO, 1995) vivenciados durante o trabalho de campo.

O caderno pode ser o representante simbólico da atitude do etnógrafo, mas sua manifestação física, enquanto objeto, também precisa ser posta em questão. O caderno de campo é um recurso que deve ser pensado como tal: deve ser portátil, facilitar a escrita em condições às vezes adversas, ser suficientemente discreto para que o pesquisador possa portá-lo e fazer anotações rápidas enquanto realiza a observação participante.

Este instrumento, entretanto, pode ser complementado ou até substituído por outras opções para registrar o que se vive em campo: gravadores de som, câmeras fotográficas, de vídeo, cadernos de desenho e equipamentos eletrônicos – o onipresente celular – que possibilitam múltiplas formas de registro.

Enrico Spaggiari (2009) relata que, ao longo do trabalho de campo de sua pesquisa de mestrado sobre o ensino e aprendizado de futebol em escolinhas localizadas em bairros periféricos de São Paulo, optou por não utilizar caderno de campo durante os momentos de observação e interação, pois o instrumento gerava estranhamento entre as crianças e jovens. Ouviu de um destes garotos que "lugar de caderno é na escola". Cabe ressaltar que nem sempre é possível registrar tudo no momento da pesquisa. As anotações podem também ficar para depois da observação. Muitas vezes, dependendo do contexto, o mais importante é guardar o caderno de campo e/ou câmeras e engajar-se nas relações em campo.

Spaggiari, em sua pesquisa, passou a utilizar câmeras fotográficas e filmadoras, registrando aulas, treinos e jogos, pois os equipamentos audiovisuais propiciavam experiências e situações de interação entre os agentes em campo (aquele que filma e os que são filmados), abrandando, temporariamente, desconfianças e introspecções. Ao mesmo tempo, o antropólogo descreve que sua presença, durante as primeiras observações, fora compreendida numa outra posição: o "olheiro", figura responsável por identificar novos talentos e indicá-los para clubes profissionais. Essa percepção provocou alterações nas *performances* das crianças e jovens, preocupados em demonstrar suas qualidades futebolísticas. Assim como a representação do "olheiro", o uso de câmeras e filmadoras também catalisava *performances* produzidas especificamente para o olhar-câmera do pesquisador, como tentativas de dribles, encenações de contusão, demonstrações de controle da bola no ar ("embaixadinhas"), comemorações de gols e xingamentos que não eram comuns durante observações rotineiras.

Em pesquisa com pixadores, Alexandre Barbosa (2018) relata que nas primeiras idas a campo tinha um certo receio por causa da má fama que cerca essa atividade, considerada ilícita e sujeita à repressão policial. E embora num primeiro momento eles ficassem desconfiados com sua presença, muitos pixadores

> mostraram-se totalmente à disposição para contribuir com meu trabalho, sentindo-se valorizados por terem a oportunidade de aparecerem em uma pesquisa. Pediam para que eu tirasse fotos deles e de suas pixações. [...] Com a presença de um espectador, eles intensificavam suas *performances*, buscando lugares mais arriscados para que parecessem mais ousados do que os outros [...] (2018: 16-17).

Portanto, mais do que apenas uma forma de registrar, os equipamentos audiovisuais atuavam como meios de comunicação com os interlocutores na relação cotidiana em campo – podem induzir, sim, exibições para o pesquisador –, além de agenciar "diferentes formas de reflexividade e de expressão crítica. [...] As *performances* para a câmera são também exercícios de reflexão sobre as possibilidades de elaborar suas autoimagens e identidades" (CUNHA; FERRAZ; HIKIJI, 2006: 295). Como afirma o antropólogo e cineasta David MacDougall,

> A câmera está integrada à descoberta de coisas. Alguém trabalhando convencionalmente, com anotações em caderno de campo, talvez não descobrisse coisas novas. Para mim, fazer filmes é parte da minha vida, é uma forma de me relacionar

com o mundo, com outras pessoas. Sem a câmera eu nunca teria aprendido as coisas que aprendi. Eu sei que muitas vezes as pessoas se sentem mais à vontade com um antropólogo com uma câmera do que sem uma câmera. Eu mesmo ouvi isso muitas vezes. Sempre perguntam: "O que está fazendo?" "Por que está aqui?" e especialmente: "O que você está escrevendo?" "O que são todas estas anotações?" Se você tem uma câmera fica muito claro o que está fazendo. Você tem um trabalho a fazer (MacDOUGALL, apud CEZAR, 2007: 181).

É possível que, com o aparecimento dos *smartphones* e de outras tecnologias, o "bom e velho caderno de campo" se torne algo mais digital. Os dados coletados na etnografia podem não estar mais escritos em páginas, mas na forma de *bits*, em um cartão de memória ou no HD de algum provedor de internet pelo mundo, mas é imprescindível que, sempre, no calor da pesquisa, o antropólogo tenha consigo um meio para escrever aquilo que vivencia, pois estes serão os dados de sua pesquisa.

Ainda que o registro do caderno de campo seja pessoal (mesmo em pesquisas coletivas e compartilhadas), qualquer desses artefatos que o etnógrafo leva a campo e utiliza para registrar suas impressões precisa ser pensado enquanto um instrumento que terá um papel nas relações estabelecidas. Tal qual o pesquisador, com seu corpo, fala e experiências, esses instrumentos não são neutros, mas interferem no que é possível observar. A alteridade que serve de objeto da reflexão antropológica é mediada por equipamentos que são, por sua vez, também parte da relação.

Cadernos, pranchetas, filmadoras e máquinas fotográficas modificam ativamente as relações estabelecidas em campo e merecem sempre uma atenção especial. É preciso descrever também como esses meios de registro e interação atuam e interferem nas questões que estão sendo observadas.

A escolha dos modos de registro e de interação em campo precisa ser consciente e se pautar nas condições e possibilidades de cada um. Não é necessário, entretanto, restringir-se a um ou outro recurso: a utilização de imagens e sons não implica rejeitar o esforço descritivo ou substituir a observação participante e o uso do caderno de campo.

É com isso em mente que, antes do campo, é importante refletir sobre quais tipos de registros serão feitos. Em algumas pesquisas, pode-se inclusive criar instrumentais originais, com registros híbridos. Em esforços interdisciplinares essa questão se aprofunda com a necessidade de incluir ainda outros tipos de registro (e que interferirão nas interações durante o trabalho de campo). Há casos em que o próprio desenho de pesquisa demanda informações mais organizadas, previamente determinadas por questões legais, éticas ou mesmo organizacionais.

Educação da atenção

O detalhamento sobre os diferentes procedimentos de pesquisa abordados até aqui – elaboração de projeto, preparação para o campo, escolha de instrumentais –, ainda que possa parecer preciosismo ou excesso de rigor metodológico, revela-se fundamental para quem está iniciando no ofício antropológico e na prática etnográfica.

Como foi visto, a formação em etnografia apresenta algumas particularidades. A leitura de pesquisas etnográficas oferece a oportunidade de aprender com os casos, situações e dinâmicas (imponderáveis, contratempos) vivenciadas em diferentes trabalhos de campo. Contudo, a iniciativa de ler monografias clássicas e contemporâneas, observando e identificando particularidades – por sobre os ombros de outros antropólogos e antropólogas, parafraseando Clifford Geertz –, deve vir acompanhada de experimentos empíricos que também despertem e estimulem o interesse de estudantes pela teoria e ofício antropológico desde seus primeiros contatos com a disciplina.

Sabe-se que uma boa etnografia não se faz somente pela prática espontânea da pesquisa de campo. Por outro lado, o ensino meramente teórico da disciplina é insuficiente quando se trata de levar etnógrafos a lidarem com as múltiplas experiências vivenciadas com o *Outro*. Aprender etnografia demanda aliar teoria e prática, leituras e procedimentos de pesquisa, levando-os a realizar trabalhos de campo autorais e vivenciar, na prática, os dilemas metodológicos e "efeitos de deslumbramento" (STRATHERN, 2014) que permeiam todo o processo de pesquisa etnográfica.

Trata-se de um contínuo processo de formação antropológica que, como aponta Tim Ingold (2016), pode ser encarado como uma prática de *educação da atenção* para os modos de se viver e estar no mundo. Além de método, a etnografia também tem um potencial pedagógico como estratégia de educação do olhar e da percepção, em um constante exercício de observação e escuta do que acontece no mundo à sua volta, ao que se faz e o que se fala, para a descoberta da diversidade e da alteridade. Assim, pensando a etnografia como proposta metodológica compartilhada e educativa é que o conselho de Bronislaw Malinowski a E.E. Evans-Pritchard ganha novos sentidos para quem pretende realizar boas pesquisas etnográficas sem a pecha do "perfeito idiota".

5
Trabalho de campo

Uma nova perspectiva: a observação participante

Como já foi apontado em capítulos anteriores, a Antropologia, no contexto acadêmico de meados do século XIX, deu início a seu modo próprio de operar com base na teoria evolucionista da época que classificava as diferentes sociedades humanas de acordo com suas supostas posições na linha do progresso evolutivo social[19]. Mesmo com todos os problemas implícitos nessa escola de pensamento, foi a partir de seus pressupostos que as perspectivas para o estudo das diferenças observadas entre as populações humanas deixaram de ser biológicas, teológicas ou morais,

---

19. Essa linha temporal da humanidade, como foi mostrado na primeira parte deste livro, era organizada em fases – a "selvageria", a "barbárie" e a "civilização" – e, logicamente, o homem branco ocidental colonizador ocupava, para estes cientistas, a posição de povo mais evoluído cultural e tecnologicamente. Há muito descartada, tal perspectiva era bastante inovadora e estava em completa sintonia com o pensamento europeu na época da Inglaterra vitoriana (STOCKING JR., 2010). Em oposição às muitas concepções vigentes que identificavam diferentes raças como diferentes espécies humanas, os antropólogos evolucionistas, como James Frazer, Edward Tylor e Lewis Henry Morgan, haviam adotado uma nova noção monogenista do ser humano (SCHWARCZ, 1993), considerando que todos eram da mesma espécie, embora diferentes em sua posição na linha do progresso.

passando a ser descritas como diferenças de outra ordem: socioculturais.

Contudo, até fins desse século ainda não havia se desenvolvido o método de pesquisa que viria a ser conhecido como observação participante. Os primeiros pesquisadores passavam a maior parte do tempo em seus gabinetes analisando materiais de segunda mão trazidos por viajantes, naturalistas, missionários e comerciantes. Quando em campo, coletavam os dados a distância, a partir de interações que ocorriam em espaços neutros, intermediários entre o mundo do pesquisador e o do nativo, procedimento que ficou conhecido como "antropologia de varanda" – lá no alojamento do colonizador branco – ou de "convés" – sem mesmo sair do navio...

É com Bronislaw Malinowski que o método etnográfico se desenvolve e aparece como importante definidor da pesquisa antropológica. Porém, antes dele, no final do século XIX, o alemão Franz Boas realizou pesquisas de campo dedicadas a uma coleta minuciosa de dados – por meio de anotações, diários, entrevistas, registros audiovisuais e cartográficos – que demandava observação direta e imersão no contexto estudado. Entre 1883 e 1884, Boas fez uma expedição à Ilha de Baffin, convivendo com os Inuítes do norte do Canadá. Em 1886, realizou uma nova expedição, agora entre os Kwakiutl, na Colúmbia Britânica, na costa do Pacífico canadense. Embora não tenha desenvolvido o conceito de "observação participante", elaborado e refinado por Malinowski com os trobriandeses três décadas depois, pode-se afirmar que Boas foi pioneiro no desenvolvimento de pesquisas de caráter etnográfico.

Boas e Malinowski foram precursores da realização de trabalhos cuja análise era, em grande parte, definida pela forma de se coletar dados de campo. Os dois pesquisadores – cada um em um continente e vindos de tradições e escolas diferentes – chegaram a um entendimento convergente: que parte importante do trabalho antropológico se dava pelo convívio com o *Outro* e pela observação minuciosa de seus costumes, práticas sociais e narrativas.

Não bastava apenas ler e interpretar os relatos pouco confiáveis de viajantes, tampouco se contentar com entrevistas mediadas por intérpretes. Era importante aprender a perguntar, a observar e a participar da vida cotidiana daqueles sobre os quais se desejava aprender de forma mais profunda – e menos preconceituosa. A observação participante surgiu assim como um recurso mais direto para desenvolver o trabalho antropológico: era preciso entrar em contato com os "nativos" (termo pelo qual eram chamados os interlocutores de uma pesquisa), aprender sua língua, compartilhar suas comidas, participar de seus rituais, para de fato poder compreender e descrever suas formas de vida.

O então pretendido caráter científico da etnografia – seus termos, estratégias e técnicas – têm sido problematizado; há quem considere um equívoco tratar o contato com o *Outro* ou a interpretação de seus costumes a partir de uma objetificação das pessoas e grupos observados que conformava, no próprio ato da pesquisa, novas relações assimétricas de poder. No entanto, a proposta daquilo que os primeiros etnógrafos puseram em prática continua presente em toda e qualquer pesquisa antropológica: diferentemente do que habitualmene fazem o geógrafo, o historiador ou até mesmo o sociólogo e, de modo distinto de como faziam os primeiros antropólogos evolucionistas, é de praxe, de uma forma ou outra, aproximar-se do objeto de pesquisa a partir da já mencionada expressão *de perto e de dentro*.

Esse tipo de perspectiva, como já foi assinalado, se contrapõe a um olhar "de longe e de fora", próprio de outras ciências, mais preocupadas com processos sociais de larga escala. A perspectiva etnográfica, contudo, não se caracteriza necessariamente por um tipo específico de tema de interesse, mas por tomar como ponto de partida recortes de menor escala, no que Geertz (1978) chamou de "a visão microscópica". Isso, que poderia ser uma possível deficiência do olhar antropológico, por restringi-lo a estudos de casos e a recortes empíricos específicos, na verdade aparece como algo que, entre tantas outras coisas, abriria pistas para a descrição de processos de mais amplo alcance e dimensão.

A Antropologia, assim, ao longo de sua história, desenvolveu uma metodologia que volta sua atenção a pormenores e sutilezas da vida social, sem abdicar da comparação e da criação de unidades mais amplas de sentido. Pelo contrário, parte-se do pressuposto de que os fragmentos, observados de *perto e de dentro*, são capazes de arranjar-se "num todo que oferece a pista para um novo entendimento" (MAGNANI, 2009). Esse novo entendimento, resultado da intersecção da vida nativa com a reflexão do pesquisador, oferece um contraponto, complementando e dialogando com os modos de operar de outras ciências sociais.

Estratégias do fazer

Os argonautas do Pacífico Ocidental, um dos textos clássicos da bibliografia antropológica, completou em 2022 seu centenário de publicação. Mais do que apresentar os resultados do intensivo e meticuloso trabalho de campo realizado por Bronislaw Malinowski nas Ilhas Trobriand, a obra ganhou destaque principalmente pela discussão em torno do método antropológico – marcando uma importante ruptura com a antropologia de gabinete. No capítulo de abertura, Malinowski apresenta "uma descrição dos métodos utilizados na coleta do material etnográfico" (1978 [1922]: 18), sistematizando, de certa forma, um protocolo de realização da pesquisa etnográfica – capaz de ser replicado em outras situações e por outros antropólogos.

Tal sistematização vinha ao encontro da intenção de conceder um *status* científico ao trabalho etnográfico, diferenciando-se, assim, do trabalho realizado por amadores. Afirma Malinowski: "Como geralmente acontece quando o interesse científico se volta para um campo explorado pela curiosidade de amadores, a etnologia trouxe leis e ordem àquilo que parecia caótico e anômalo" (1978 [1922]: 23)[20]. A etnografia – baseada em tabelas, mapas, censos, quadros sinópticos, registro em diários – tinha a preocupação, vigente na época de sua origem, de outorgar o estatuto objetivo à disciplina[21]. Segundo Malinowski, o trabalho de campo produziria "uma visão autêntica da vida tribal". A busca por regularidades e por um esquema básico da constituição "tribal"[22] só seria possível, na perspectiva do antropólogo, pelo levantamento exaustivo de todos os fatos e através do contato íntimo com os "nativos", uma vez que, em sociedades tradicionais, esses elementos não estariam formulados em documentos.

Para que o antropólogo pudesse acessar essas regularidades, Malinowski apontou para alguns aspectos da sociedade, a partir de metáforas, que deveriam ser observados, registrados e interpretados: o esqueleto, o corpo e sangue e o espírito.

---

20. Costuma-se empregar o termo "etnologia" para pesquisas com populações indígenas e "etnografia" para designar a metodologia antropológica de modo mais geral.

21. A ideia era aproximá-la das ciências naturais, associadas a uma maior objetividade e rigor. Hoje, trabalhos como o de Bruno Latour ajudam a complexificar a questão, debatendo o processo de construção dessa "objetividade".

22. O termo "tribo" e seus derivados foram problematizados e caíram em desuso nas últimas décadas; seu emprego neste texto remete diretamente à forma como Malinowski se referia.

Metáforas	Objeto	Instrumentos	Objetivo
Esqueleto	A organização da tribo e a anatomia da sua cultura.	Documentação concreta e estatística por meio de censos, tabelas, genealogias, gráficos.	Identificar as leis.
Corpo e sangue	O cotidiano, as atitudes, os "imponderáveis da vida real".	Diário de campo.	Descrever os comportamentos.
Espírito	Os modos estereotipados de pensar: fórmulas mágicas, provérbios, narrativas típicas.	Construção do *corpus inscriptionum*.	Registrar a mentalidade nativa.

Fonte: Magnani, 2012.

O etnógrafo deveria estar atento, então, para os imponderáveis da vida real e, para isso, precisaria estar em contato próximo e direto com os ditos nativos, registrando esses acontecimentos e suas atitudes de forma sistemática no diário de campo. A observação participante coloca-se, nesse sentido, como importante estratégia para acessar essa dimensão.

> [...] nesse tipo de pesquisa, recomenda-se ao etnógrafo que de vez em quando deixe de lado máquina fotográfica, lápis e caderno, e participe pessoalmente do que está acontecendo. Ele pode tomar parte nos jogos dos nativos, acompanhá-los em suas visitas e passeios ou sentar-se com eles, ouvindo e participando das conversas [...]. Esses

mergulhos na vida nativa – que pratiquei frequentemente não apenas por amor à minha profissão, mas também porque precisava, como homem, da companhia de seres humanos – sempre me deram a impressão de permitir uma compreensão mais fácil e transparente do comportamento nativo e de sua maneira de ser em todos os tipos de transações sociais (MALINOWSKI, 1978 [1922]: 36).

Quem realiza uma etnografia deveria construir, portanto, um *corpus inscriptionum*, um compilado de narrativas, pontos de vista dos nativos acerca daquilo que está estabelecido e é vivido no cotidiano, de modo a registrar a mentalidade nativa. Ainda que a perspectiva etnográfica de Malinowski tenha sido debatida e outros pesquisadores tenham aprofundado essas estratégias metodológicas, segundo Giumbelli (2002), este autor ainda é

> considerado referência obrigatória em se tratando do "modo padrão da pesquisa etnográfica" (KUPER, 1996); aquele que estabeleceu a "estratégia básica que é fundamento comum entre antropólogos" (SALZMAN, 1996: 364). Ele é o "etnógrafo do etnógrafo", protagonista da "viagem paradigma para o outro-lugar-qualquer paradigma" (GEERTZ, 1988: 4, 75). É o "herói" de um mito, o "trabalho de campo", e o capítulo de abertura dos *Argonautas*, espécie de "mapa" ou "roteiro" míticos para os antropólogos (STOCKING, 1992: 16, 56; cf. tb. CARRITHERS, 1996: 230; YOUNG, 1979: 1) (GIUMBELLI, 2002: 92).

Apesar do reconhecimento do método etnográfico e de sua requisição cada vez mais frequente por outras áreas do conhecimento, em comparação a outros métodos de pesquisa qualitativa, os procedimentos metodológicos que envolvem esse tipo de pesquisa etnográfica nem sempre são devidamente explicitados. Como visto no capítulo anterior, aprender a fazer etnografia envolve a transmissão e incorporação de saberes e técnicas que atravessam os domínios teórico e empírico, articulando leituras, experiências didáticas e trabalho de campo. Uma multiplicidade de dinâmicas de aprendizado, bem como de situações e paisagens etnográficas, que dificulta propostas mais sintéticas de sistematização do método como revela a raridade de manuais e textos voltados para a formação de pesquisadores.

Alguns autores se propuseram a pensar estratégias pontuais do fazer etnográfico, sem a pretensão de elaborar um protocolo ou um manual. Magnani (1996: 17) discute estratégias para a realização do trabalho de campo, propondo um esquema que direciona e organiza a observação, de modo "a evitar a dispersão do olhar sujeito a uma multiplicidade de estímulos". O antropólogo ressalta que a etnografia não se resume a uma coleta de dados a serem posteriormente trabalhados e, portanto, o processo de observação e a organização desses dados, desde o princípio, obedecem a algum princípio de classificação – o que diferencia o olhar do etnógrafo daquele do senso comum. Esse modelo pode ser adotado principalmente nas primeiras entradas em campo ou em caminhadas etnográficas de caráter pontual, quando ainda não se tem muita familiaridade com o tema do trabalho.

Como foi mostrado no capítulo 3 da primeira parte, Magnani sugeriu que, a partir de uma perspectiva "de perto e de dentro", o olhar do pesquisador se voltasse para os seguintes elementos: descrever o *cenário*, identificar os *atores* e desvendar as *regras* de suas práticas, comportamentos e formas de sociabilidade.

Convém retomar e reforçar, aqui, essa tríade que ajuda a orientar o olhar durante o campo, servindo de guia principalmente para as primeiras incursões em um novo contexto etnográfico. É comum que nas primeiras idas a campo a multiplicidade de estímulos e novas informações dificulte o trabalho de descrição: Quando tudo é novo, para onde olhar primeiro? Por onde começar a descrever? Outra possibilidade é, frente a uma nova situação de campo, o antropólogo ter dificuldade para reconhecer o que é interessante e merece ser descrito, ou mesmo ficar com a impressão de que nada está acontecendo. Em ambos os casos, a tríade *cenário, atores e regras* fornece uma estrutura por onde começar a observar e descrever.

O *cenário* é constituído pelos elementos físicos que se podem perceber – o espaço, equipamentos, pontos de referência, clima, cheiros, cores, marcos na paisagem, sinalizações, monumentos, intervenções. Não se deve entender esses elementos como um suporte já dado no qual ocorrerão as práticas sociais, mas como um produto das práticas sociais anteriores, que dialoga com as atuais, sendo constantemente transformado por elas.

Para descrever os *atores* é preciso, ainda que provisoriamente, classificá-los, identificando as relações que estabelecem entre si. Assim, é preciso atentar para os objetivos da pesquisa mas também e principalmente para as categorias que lhes são importantes. Quem são essas pessoas? Há regularidades em termos de idade, raça, gênero ou outros marcadores sociais da diferença? É possível reconhecer marcas, símbolos e suas práticas recorrentes? Em alguns casos, vale a pena realizar listagens, ainda que possam ser revistas posteriormente: quem ocupa determinado espaço serão "moradores, clientes, trabalhadores, passantes, usuários, transeuntes, manifestantes" (MAGNANI, 1996).

A terceira camada, muitas vezes menos evidente e mais difícil de ser totalmente descrita na primeira incursão a campo, são as *regras*. Trata-se dos significados atribuídos às práticas dos atores, das regularidades dos comportamentos, dos contra-usos, usos não previstos e dos conflitos e negociações que se estabelecem. Dentre as regras, há aquelas explícitas e as implícitas: as que são de conhecimento de todos e estão estabelecidas dentro de uma norma oficial e aquelas não oficiais, que são seguidas por determinado grupo, muitas vezes em detrimento do que foi previamente estabelecido. Cabe ao pesquisador procurar descrevê-las em todos os seus níveis.

> São essas regras que dão significado ao comportamento e através delas é possível determinar as regularidades, descobrir as lógicas, perceber as transgressões, os novos significados. Identificar os movimentos, os fluxos e as diferentes formas de apropriação, no universo de significado dos atores é o primeiro passo para se chegar a padrões mais gerais, responsáveis pela compreensão dos comportamentos articulados a outras instâncias e domínios da vida social, mais amplos (MAGNANI, 1996: 17).

O modelo *cenário, atores e regras* ajuda a enfrentar os desafios iniciais colocados por uma proposta metodológica que, como visto até aqui, está sujeita aos imponderáveis que emergem em recortes de pesquisa marcados por uma variedade de situações, particularidades e dificuldades. Longe de ser uma orientação fixa e rígida habitualmente esperada em manuais tradicionais que visam oferecer instruções e técnicas de pesquisa estabilizadas, o esquema triádico serve de referência para etapas fundamentais – observação, descrição e escrita – do fazer etnográfico. Tal dinâmica processual nem sempre consta da formação teórica e metodológica de pesquisadores, visto que os contextos de aprendizado, mesmo aqueles mais práticos, não conseguem antecipar e projetar todos os aspectos vivenciados durante o trabalho de campo e escrita etnográfica.

Aprender e dominar um conjunto de modelos, técnicas e instrumentais pouco contribuirão para a realização de etnografias se o processo de produção de conhecimento antropológico, sempre relacional e situacional, não levar a sério o diálogo com o *Outro*. Por isso, não há pesquisa sem esse exercício de interlocução que, como será mostrado a seguir, demanda ao antropólogo ser aceito pelos anfitriões do campo.

Ser aceito

Se a primeira experiência etnográfica marcante de Malinowski deu-se nas Ilhas Trobriand e se o campo do jovem Lévi-Strauss ocorreu no Brasil, foi na Indonésia, com o povo balinês, que Clifford Geertz e sua esposa Hildred Storey realizaram suas primeiras pesquisas[23]. Diferentemente do antropólogo polonês, que entendia o comportamento humano a partir de uma lógica *funcionalista*, e de seu contemporâneo francês, que apostava no conceito de *estrutura* para explicar o pensamento humano, Clifford Geertz focava-se na noção de *cultura*, buscando compreender os significados articulados por aqueles que viviam suspensos em suas próprias teias simbólicas.

O antropólogo talvez não soubesse, quando chegou a essa aldeia em 1958, que um de seus principais textos seria, justamente, sobre um aspecto pouco estudado da cultura daquela população, considerado até mesmo irrelevante: a briga de galos. No entanto, Clifford Geertz percebeu a importância deste jogo/ritual logo em seus primeiros dias de observação, quando viveu uma experiência um tanto insólita por conta de uma rinha realizada na comunidade. Ele relata a experiência justamente no capítulo "Um jogo absorvente: notas sobre a briga de galos balinesa" de seu livro *A interpretação das culturas* (2008 [1973]).

O casal estava encontrando grandes dificuldades para se relacionar com os balineses daquela aldeia. Ambos percebiam que eram, ali, como "não pessoas, espectros, criaturas invisíveis" aos nativos. Completamente ignorados por

---

23. Se os trabalhos de Clifford Geertz se tornaram referência nas discussões antropológicas por conta de suas reflexões metodológicas e conceituais, é preciso lembrar que sua esposa, Hildred Storey, foi também uma importante antropóloga de sua época, tendo lecionado em Princeton como professora emérita, realizado extensas pesquisas etnográficas e escrito livros que se tornaram referência para o estudo da sociedade balinesa.

todos, sentiam-se como se não existissem para os aldeões ou como se, no máximo, fossem um "sopro de vento". Essa situação se manteve até o momento em que, por conta de uma incursão policial que buscava, justamente, desmantelar uma rinha de galos, proibida pela legislação local, os antropólogos tiveram de fugir, tal como os participantes do jogo, escondendo-se na casa de uma família balinesa. Este "hospedeiro de cinco minutos", ao ver a aproximação de um soldado curioso com a presença de um homem branco nas intermediações de um evento proibido, lançou-se em defesa dos pesquisadores, argumentando que os estrangeiros ali estiveram por muito tempo discutindo com ele aspectos culturais de seu povo. "Na manhã seguinte", relata Geertz, "a aldeia era um mundo completamente diferente para nós", e continua:

> Não só deixáramos de ser invisíveis, mas éramos agora o centro de todas as atenções, o objeto de um grande extravasamento de calor, interesse e, principalmente, diversão. Na aldeia todos sabiam que havíamos fugido como todo mundo. Repetidamente nos indagavam [...] de modo gentil, afetuoso, mas bulindo conosco de forma insistente: "Por que vocês não ficaram lá e contaram à polícia quem vocês eram?" "Por que vocês não disseram que estavam apenas assistindo e não apostando?" "Vocês estavam realmente com medo daquelas armas pequenas?" (2008 [1973]: 187).

De fato, em meio a muitas brincadeiras e zombarias – inclusive com seu "modo desajeitado de correr" –, Clifford e Hildred Geertz entenderam que haviam mudado de *status* frente às pessoas daquela comunidade. Haviam deixado de ser "visitantes distintos", passando a "coaldeões", "literalmente 'aceitos'". O autor, então, reflete:

> Ser apanhado, ou quase apanhado, numa incursão policial ao vício talvez não seja uma receita muito generalizada para alcançar aquela necessidade do trabalho de campo antropológico – o acordo, a harmonia –, mas para mim ela funcionou admiravelmente. Levou-me a uma aceitação súbita e total, não habitual, numa sociedade extremamente avessa à penetração de estrangeiros [...]. Por ocasião de minha partida, eu já havia despendido tanto tempo pesquisando as brigas de galos como a feitiçaria, a irrigação, as castas ou o casamento (2008 [1973]: 188).

Clifford Geertz, então, apresenta suas interpretações acerca da briga de galos na sociedade balinesa. Analisa os símbolos, as práticas sociais envolvidas com este "jogo absorvente" e os tantos comentários que os balineses tecem para si e sobre si mesmos por meio dessa prática, como se estivessem escrevendo um texto sobre sua própria cultura.

    O enfoque de interesse, aqui, está no aspecto metodológico que o autor descortina. Ainda que se trate de um evento específico, cabe refletir sobre o que lhe permitiu ser aceito em campo. Em outros termos, o que um pesquisador pode fazer para aumentar a chance de desenvolver um trabalho etnográfico que não seja limitado por um constrangimento inicial? Geertz poderia, afinal, ter tomado outras decisões, indo ao encontro das forças policiais ou colocando-se de lado no conflito. Mas sua inesperada fuga (não planejada) representou um gesto de comprometimento com seus interlocutores e a vulnerabilidade que demonstrou amenizou sua posição de poder.

Não é só nas renomadas experiências relatadas por autores clássicos que esse tipo de situação ocorre. Na verdade, pode-se dizer que a dificuldade em "ser aceito" está presente em grande parte das pesquisas etnográficas. Um exemplo que ilustra essa questão se deu no início dos trabalhos do Grupo de Etnologia Urbana do LabNAU-USP com indígenas que vivem em áreas urbanas de Manaus – experiência que será abordada de forma mais detida no capítulo 7. Por ora, cabe destacar que os pesquisadores buscaram o contato com a liderança de um dos grupos étnicos que habitam a cidade – os Ticuna –, mas receberam uma negativa: "Vocês vêm aqui, fazem pesquisa, escrevem suas teses e nunca mais voltam". Meio desanimados, mas de retorno à região central da cidade, em visita a uma instituição religiosa, os etnógrafos foram então aconselhados por uma freira a visitar outra aldeia, na periferia da cidade, do povo Sateré-Mawé, que, aparentemente, recebia com maior acolhimento os visitantes.

Na chegada ao local foram levados pelo *tuxaua* – o líder – para um pequeno barraco da comunidade onde havia um computador e, numa estante, documentos e objetos considerados importantes como o troféu de um campeonato de futebol e a uma dissertação de mestrado sobre aquele grupo. Parecia claro que, naquele contexto, por conta das devolutivas positivas recebidas em função de pesquisas ali realizadas (expressas nesses documentos e objetos) haveria maior receptividade para com os novos forasteiros. Mas isso não foi o suficiente para que se criasse um vínculo que possibilitasse o desenvolvimento da etnografia. Os pesquisadores agora teriam que frequentar a comunidade, seus eventos religiosos e outras festividades, suas partidas de futebol pela cidade, seu cotidiano, indo, inclusive, a outra aldeia, localizada em uma área rural, para conhecer e conversar com a matriarca daquela família Sateré.

Esses casos, apesar de pontuais, são emblemáticos: ajudam a compreender que, na entrada em campo, aquele que pesquisa sempre será um corpo estranho – tanto por ser diferente das pessoas que vivem naquele contexto como por sua tarefa de realizar a pesquisa, mesmo em situações que supostamente lhe são familiares. Nesse tipo de relação, a prerrogativa de aceitar a pesquisa é em primeiro lugar dos interlocutores. São eles, afinal, que conduzem a pesquisadora ou pesquisador e modificam os rumos de uma investigação, apresentando seus próprios interesses e questões. Ainda que esse momento inicial, importante e imprevisível, possa ser preocupante, é preciso lidar com ele como parte integrante da relação etnográfica. As interações, apresentações e negociações que antecedem o desenvolvimento do trabalho de campo mais contínuo já devem ser tratadas como dados e informações relevantes.

Construção da relação

O trabalho etnográfico envolve uma postura muito específica que pode ser descrita como um estado de disposição para o encontro. Esse é um modo através do qual é possível manter uma atenção constante aos estímulos no seu entorno além de buscar ativamente as situações sociais que são o foco da investigação. O pesquisador precisa estar preparado para perceber o ambiente e focado para receber informações, descobrir significados e realizar conexões[24].

Assim, ainda que a atividade desenvolvida pelo etnógrafo pareça próxima de sua própria experiência, quando assume o "modo campo"[25], seu propósito passa a ser outro. Quando se fala em "modo campo", está-se referindo àquela condição de imersão continuada no contexto de pesquisa, quando o pesquisador está atento às situações e dinâmicas a que não dedicaria atenção em sua vida cotidiana, fora do contexto etnográfico. Uma simples caminhada pela cidade, por exemplo, torna-se ferramenta importante para acessar informações (ainda que parciais e fragmentárias) sobre a vida social de determinada localidade. Outras atividades, como aguardar em uma fila ou em um ponto de ônibus, geralmente monótonas, constituem oportunidades importantes para estabelecer contatos e observar comportamentos. Muitas vezes isso se manifesta, no caso da caminhada, em um ritmo diferente de movimentação, mais lento, ou na participação em atividades e conversas que em

---

24. Tim Ingold (2000) elabora essa questão a partir do que descreve como perspectiva do "habitar", em que é preciso tratar seres vivos e o mundo que habitam como um domínio contínuo, que não pode ser separado. Quem realiza uma pesquisa etnográfica também está envolvido em um mundo que não é apenas observado, mas também percebido com outros sentidos.

25. Expressão empregada por Ana Leticia de Fiori – no sentido de se estar atento, ligado o tempo todo quando em campo, mesmo em momentos não especificamente de pesquisa.

princípio não diriam respeito ao pesquisador, mas que acabam por lhe interessar.

A postura do etnógrafo nem sempre é fácil ou mesmo confortável. É claro que ele segue com os próprios interesses e decide os limites de sua "participação observante", mas, obviamente, durante o trabalho de campo é preciso deixar de lado o que lhe é usual para se permitir conhecer outras práticas.

O que está em jogo aí é exercitar o movimento duplo de aproximação e afastamento. Roberto DaMatta ([1974] 1981) apresentou essa ideia a partir de duas sentenças: "transformar o exótico em familiar" e "transformar o familiar em exótico". Cada uma delas representa um momento da história da disciplina. A primeira marca o interesse dos antropólogos para outras e distantes sociedades e, a segunda, seu olhar para a própria sociedade em que se insere.

Embora a familiaridade costume estar associada àquilo que se conhece, enquanto o "exotismo" se refere ao que é desconhecido, essa associação não é necessariamente verdadeira. Gilberto Velho, refletindo sobre a proposição de DaMatta, mostra que há

> [...] descontinuidades vigorosas entre o "mundo" do pesquisador e outros mundos, fazendo com que ele, mesmo que seja nova-iorquino, parisiense ou carioca, possa ter a experiência de estranheza, não reconhecimento ou até choque cultural comparáveis à de viagens a sociedades e regiões "exóticas" (VELHO, 1987: 126).

Os diferentes modos de entendimento do mundo são, afinal, frutos de uma narrativa social e, como aponta Marilyn Strathern (2014), proximidade/distanciamento não se definem por uma convergência geográfica:

> O que se deve saber é se investigador-investigado estão igualmente em casa, por assim dizer, no que diz respeito aos tipos de premissa sobre a vida social que informam a investigação antropológica [...]. As credenciais pessoais do(a) antropólogo(a) não nos dizem se ele(ela) está em casa nesse sentido. Mas o que ele(ela) afinal escreve diz se há continuidade cultural entre os produtos de seu trabalho e o que as pessoas da sociedade estudada produzem em seus relatos sobre elas mesmas (STRATHERN, 2014: 134).

O esforço a ser realizado, portanto, é o de buscar deslocamentos que permitam ao pesquisador familiarizar-se com aquilo que a princípio lhe parece estranho e ao mesmo tempo estranhar aqueles modos de vida aos quais está acostumado. O conhecimento resultante do trabalho etnográfico vem justamente desse encontro e do duplo movimento que gera. Por esse motivo, ainda que a relação pesquisador-interlocutor seja desigual por princípio, deve-se buscar um diálogo, construído a partir (e não apesar) dessa desigualdade. A diferença entre os modos de pensamento do pesquisador e o do interlocutor reside na lógica das respectivas narrativas.

O movimento de aproximação às vezes demanda um esforço de adaptação. Não se trata de mentir ou dissimular, mas de respeitosamente, e dentro dos limites do pesquisador, abrir mão de algumas características, opiniões ou modos de agir para possibilitar o encontro e a troca com quem é diferente. É o caso de produzir em si mesmo o interesse e a abertura para compreender lógicas de pensamento, padrões estéticos e formulações que não apenas são diferentes do seu, mas que podem inclusive entrar em atrito. Esse é um jogo sutil e delicado para que haja um balanço entre possibilitar a relação e explicitar as diferenças que orientam o olhar e posteriormente o texto etnográfico.

Está-se falando, efetivamente, de relações sensíveis e reveladoras, cuja manutenção deve ser cuidadosa e respeitosa, baseada em certos preceitos éticos[26]. A confiança depositada por qualquer pessoa que esteja participando de uma pesquisa deve ser conquistada e preservada, principalmente porque a pesquisa de campo está sujeita a um sem-número de eventos imprevistos e imponderáveis que podem, a todo momento, colocar essas relações à prova.

Com efeito, há uma imprevisibilidade inerente ao trabalho de campo etnográfico. O pesquisador vai a campo informado por suas teorias e hipóteses, mas a observação participante exige que ele se entregue a realidades que são invariavelmente mais complexas do que esperava. Na observação participante, observação e participação influenciam-se mutuamente de modo que é possível não apenas entrar em contato com respostas inesperadas às perguntas iniciais, mas descobrir novas perguntas. Essa imprevisibilidade não deve ser vista como um problema, mas como uma parte fundamental do processo de entrar em contato com outras maneiras de estar no mundo e aprender a pensar a partir de seus termos.

---

26. A discussão sobre ética será aprofundada no capítulo 8.

Por um lado, a existência dos "imponderáveis" da pesquisa de campo exige flexibilidade por parte do pesquisador, que pode, enquanto realiza o trabalho, atualizar seus pressupostos de pesquisa e buscar novas conexões com a teoria. Como afirmou Ruth Cardoso,

> A coleta de material não é somente um momento de acumulação de informações, mas se combina com a reformulação de hipóteses, com a descoberta de pistas novas, que são elaboradas em novas entrevistas. Nessas investigações, o pesquisador é o mediador entre a análise e a produção da informação, não apenas como transmissor, porque não são fases sucessivas, mas como elo necessário (2011: 217).

Por outro lado, a imprevisibilidade pode trazer elementos novos que não parecem fazer sentido imediato e dificultam o desenvolvimento da pesquisa. A solução para esse impasse é lembrar que o método etnográfico não se restringe ao momento em que é realizado o trabalho de campo e as relações, conexões e estabelecimento de teorias continuarão nas etapas seguintes da pesquisa. Na verdade, cabe ao pesquisador em campo seguir seus interlocutores até onde seja possível e descrever detalhadamente o máximo possível, ainda que o sentido do todo não esteja ao alcance imediato. Marilyn Strathern (2014) descreve um aspecto dessa relação:

> Ao se render às preocupações dos outros, o(a) pesquisador(a) de campo entra em relação com pessoas para as quais não há imaginação ou es-

peculação suficientes que sirvam de preparação prévia. Não se trata apenas de o trabalho de campo, ou a escrita que a ele se refere, ser cheio de surpresas, mas há nesse(s) duplo(s) campo(s) um aspecto do método que é crucial para o trabalho de campo. Para comentar um aspecto óbvio disso: as pessoas são mais que entrevistados que respondem a perguntas; são informantes no sentido mais completo do termo, pois têm controle sobre a informação que oferecem. Digo isso no sentido de que o(a) etnógrafo(a) é muitas vezes levado a receber as respostas como informação, isto é, como dados que se tornaram significativos, ao colocá-los no contexto do conhecimento mais geral sobre a vida e a situação dessas pessoas e, com isso, no contexto de sua produção. O que, por sua vez, encoraja e até força o(a) etnógrafo(a) a assumir a posição de coletar dados que ainda não são informação e cuja relevância para qualquer coisa, portanto, pode não ser de modo algum imediatamente óbvia (STRATHERN, 2014: 351-352).

Como foi visto, o primeiro desafio do antropólogo, ao chegar ao campo de pesquisa, é ser aceito pelo outro. Embora o estado de disposição seja um bom ponto de partida para iniciar a relação, é do pesquisado a premissa de aceitar o pesquisador. Isso porque as histórias e informações que dão corpo à descrição etnográfica são fruto do relato dos interlocutores de pesquisa. Assim, além de estar continuamente ligado a tudo o que pode ser relatado, o pesquisador deve permanecer disponível para tecer relações de confiança com seus interlocutores.

Ser afetado

O trabalho de campo etnográfico se define pelo tipo de relação estabelecida entre os sujeitos que participam dessa interlocução: uma relação de alteridade. Assim, a etnografia não se volta a um "objeto" particular de interesse. Trata-se, por isso, de um modo de produção de conhecimento bastante flexível e que demanda e dá espaço para a criatividade. Carregando consigo o conhecimento acumulado da disciplina, suas hipóteses e a postura aberta para lidar com os imprevistos do campo, o etnógrafo coloca-se em um estado de imersão[27]. Para Strathern, isso implica valorizar a relação que se estabelece com os interlocutores, percebendo seu valor em si mesmo. Segundo a autora, as informações coletadas em campo são apenas um "produto residual e muitas vezes inicialmente desconhecido" dessa relação.

Não se pode esquecer que a construção da relação é marcada pelo encontro entre diferentes subjetividades. O sujeito que pesquisa, parte integrante da relação que será descrita no trabalho, leva a campo seus próprios modos de vida, de vestir e de falar, o que provoca diferentes reações de interlocutores distintos e exige uma adequação, por parte de quem pesquisa, dentro de seu repertório de vivências e modos de estar no mundo. Afinal, seu instrumento de observação é o próprio corpo, com os marcadores sociais que carrega. É preciso levar em conta as relações de

---

[27]. Esse termo, utilizado por Strathern, representa uma situação complexa, já que o antropólogo que fica imerso no campo precisa ao mesmo tempo estar alheio a ele e imerso em seus objetivos de pesquisa, de modo que a imersão se estende para o momento da escrita.

poder e hierarquias que se manifestam de forma diferente de acordo com classe social, gênero, origem, religião, raça, geração, "deficiência", entre outros marcadores[28].

> Em campo não é possível manter a ficção do *self* sem gênero. Não é possível ser "antropólogo" sem marcações. Em campo as pessoas são marcadas. As pessoas são percebidas e se percebem a si como antropólogo marcado por gênero – uma antropóloga mulher ou um antropólogo homem (MORENO, 2017: 262-263).

Silvana Nascimento, por sua vez, assinala que,

> Na pesquisa etnográfica, estar em campo e escrever a partir dele é deparar-se com a evidência do seu próprio corpo e lidar com sua visibilidade material e simbólica, colocando-o em questão. Sua presença material, que ocupa um determinado espaço, que se move de uma certa maneira, que possui uma certa linguagem, que expressa marcas de gênero, sexualidade, geração, raça/etnia, região, nacionalidade etc., provoca efeitos nos lugares e situações onde se realizam as interações entre as antropólogas e seus(suas) interlocutores(as). Nossos corpos marcados nos tornam materialmente visíveis. Esta visibilidade corpórea se faz pelo que suscita em uma determinada localidade ou con-

---

28. Nos últimos anos, houve um movimento nos programas de pós-graduação em Antropologia Social no Brasil de implementar sistemas de cotas sociais, étnicas e raciais para seus novos alunos. Além do interesse em garantir justiça social, esse processo visa ampliar a diversidade de pontos de vista a partir dos quais serão realizadas as etnografias. A busca por essa diversidade é fundamental para que o conhecimento antropológico se desenvolva e enfrente o enviesamento de uma ciência que não está dissociada das estruturas de poder que a constituem.

texto, que pode ler nosso corpo a partir do seu (2019: 460).

Os corpos de antropólogas e antropólogos são, portanto, percebidos em campo e causam efeitos e impactos nas relações que estes travam com os grupos com os quais interagem. A construção dessa relação e seus desdobramentos podem ser observadas, por exemplo, na obra *A cidade de mulheres* (LANDES, 2002 [1967]), na qual a antropóloga Ruth Landes narra com detalhes sua experiência de pesquisa do candomblé na Bahia.

A presença da antropóloga norte-americana, em meados dos anos de 1940, gerou incômodos tanto no ambiente acadêmico quanto no próprio campo de estudo. Sua pesquisa no Brasil não foi inicialmente bem recebida pelos colegas acadêmicos. Ainda que influenciadas por desentendimentos pessoais, essas críticas se pautavam em um dos principais méritos (como entendemos hoje) sobre o trabalho de Landes: sua capacidade de levar a sério as explicações que recebia em campo sobre os candomblés da Bahia a ponto de desenvolver teorias que acompanhassem essas interpretações. Seu papel enquanto pesquisadora deveria ser, nas palavras de Margareth Mead, o de "transformar [...] o quadro social urbano, complexo, desorganizado" (MEAD, apud LANDES, 2002 [1967]: 21) que encontrava.

A interpretação "nativa" incomodava os pesquisadores estabelecidos porque movimentava uma relação desigual e marcada por relações de poder, classe e raça. Mas a própria Landes, com sua perspectiva, seu corpo, história de vida e marcadores sociais sentiu o impacto de sair de seu país e lidar com as particularidades e conjuntura política do contexto de pesquisa.

> Passei, pois, três meses no Rio, adquirindo, como podia, a intrincada e idiomática linguagem e aprendendo também a linguagem que não é de língua, mas que se exprime pelos dedos e pelas mãos, até mesmo por movimentos ondulantes dos braços e dos ombros, pelo brilho do olhar e por muitos movimentos sutis que se desenham levemente sobre um rosto e dão cor às tonalidades da voz. Tudo isso forma o cidadão do Rio, a personalidade especial do carioca, e foi a ponte através da qual penetrei na vida ainda mais estranha e mais remota da cidade nordestina da Bahia, onde planejava concentrar meus estudos (LANDES, 2002 [1967]: 41).

> Preciso dizer que me sentia insegura e confusa? A minha pesquisa antropológica encontrava-se agora privada da segurança, da santidade da torre de marfim. Eu deixara a minha terra democrática, de língua inglesa, com as suas leis fidedignas que permitiam a uma cientista branca estudar, com toda dignidade, a prolongada, mas incruenta batalha das raças [...] (LANDES, 2002 [1967]: 44).

É evidente que as características sociais de pesquisadores e do ambiente acadêmico são parte integrante das relações etnográficas. Esse é um fundamento da produção de conhecimento da disciplina. Compreendem-se, assim, as críticas que identificam um claro recorte de raça, gênero e origem na produção antropológica. Esse movimento é tanto político e social – por levar a demandas por ações afirmativas, por exemplo – quanto epistemológico: é preciso inserir diversidade de corpos e perspectivas também do lado acadêmico nas relações que fundamentam a Antropologia. É preciso que as populações tradicionalmente tratadas como "nativas" por pesquisadores dos centros de produção científica no mundo possam ampliar o escopo do conhecimento antropológico ao introduzir parâmetros para se pensar a alteridade que não partam do tradicional modelo ocidental.

Do ponto de vista individual de quem realiza a pesquisa, a subjetividade aparece como parte constitutiva da relação estabelecida e não deve ser escondida, mas deixada à mostra no processo de descrição. Ruth Cardoso (2011) ajuda a compreender essa questão:

> E não se trata do subjetivismo descontrolado invadindo o campo da reflexão racional, mas sim da natureza intersubjetiva da relação entre o pesquisador e seu informante. Uma entrevista, enquanto está sendo realizada, é uma forma de comunicação entre duas pessoas que estão procurando entendimento. Ambos aprendem, se aborrecem, se divertem, e o discurso é modulado por tudo isso (CARDOSO, 2011: 217).

Nesse processo, a relação pode levar a transformações mútuas. Da parte do etnógrafo, ao entrar em contato e buscar compreender outras formas de estar no mundo de forma intensa e aberta, não é raro que ele se transforme. Muitos antropólogos buscaram refletir sobre essa transformação que surge pelo contato entre duas perspectivas distintas:

esse contraste tem efeitos no pesquisador: ele o "afeta" (FAVRET-SAADA, [1990] 2005); o "transforma" (MERLEAU-PONTY, 1984), provoca *anthropological blues* (DaMATTA, [1974] 1981); produz-se "nele", e, no limite, o "converte" (PEIRANO, 1995; SILVA, 2000; apud MAGNANI, 2012: 26).

Favret-Saada (2005 [1991]), a autora que cunhou a expressão "ser afetado", tem uma experiência notável nesse sentido, com uma pesquisa que procurava estudar as noções de feitiçaria entre uma população que parecia sempre negar ou fugir desse tema. Demorou um tempo para que alguns incidentes vividos pela antropóloga em campo, "diagnosticados" por seus interlocutores como o resultado de um enfeitiçamento, fossem levados a sério por ela. Independentemente de sua crença na feitiçaria, a pesquisadora foi afetada, vendo-se habitando "outro lugar" e atualizando seu "projeto de conhecimento"[29].

Ser afetado possibilita, portanto, acessar novas epistemologias, entendimentos de mundo só possíveis pelo exercício de deslocamento e descentramento. Como lembra Favret-Saada, isso não implica identificar-se com o ponto

---

29. Goldman (2005: 150), citando a experiência de Favret-Saada, explica: "Não há nenhuma necessidade de supor, tampouco, que os afetos de Favret-Saada no mundo em que passara a viver (e que, por um tempo, filtrava também o mundo com o qual ela estava mais habituada e que costumamos chamar de 'nosso') fossem idênticos aos sentidos por aqueles que viviam mais longa e cotidianamente, não a crença, mas a experiência da feitiçaria. Basta que os etnógrafos se deixem afetar pelas mesmas forças que afetam os demais para que um certo tipo de relação possa se estabelecer, relação que envolve uma comunicação muito mais complexa do que a simples troca verbal a que alguns imaginam poder reduzir a prática etnográfica".

de vista que é objeto da descrição, mas tampouco permite a manutenção de suas próprias interpretações. A transformação causada pelo trabalho etnográfico é fundamental para que novas e criativas descrições possam emergir de experiências de encontro que não se constituem somente de observações e conversas, mas também de afetos, envolvimentos e engajamentos.

Engajamento

Por fim, o envolvimento pessoal de quem faz a pesquisa é não apenas um resultado esperado da postura em campo, mas muitas vezes uma demanda dos interlocutores. É cobrado – com toda a razão – que o pesquisador se mostre confiável e um aliado para que possa receber a atenção e as informações que busca. Em alguns casos, essa relação se estabelece como uma negociação e uma troca explícita: se o texto antropológico contribui para o pesquisador em sua formação, é preciso também uma contrapartida que sirva, de alguma forma, para a população estudada. Unindo assim o desejo de conhecer o universo do outro e o interesse em estabelecer uma aliança, é comum que antropólogos e antropólogas atuem não apenas academicamente, mas também social e politicamente ao lado dos "nativos".

Eckert e Rocha (2008) descrevem esse momento a partir de algumas das críticas recebidas pela Antropologia:

> Acusada inúmeras vezes de produzir um conhecimento insípido e inodoro das sociedades humanas, pela forma inicial com que advogava a necessidade do(a) antropólogo(a) conservar em campo

uma certa distância do fenômeno observado, tendo em vista suas preocupações com o rigor científico, a tradição etnográfica se transformou lentamente em expressão de uma forma de produção de conhecimento engajada e, por vezes, até mesmo militante (ECKERT; ROCHA, 2008: 20-21).

Se através do trabalho antropológico busca-se acessar outras perspectivas de vida, levando-as a sério, compreende-se que cabe no trabalho de campo um engajamento político e social nas demandas das pessoas com as quais se trabalha. O antropólogo como agente capaz de transitar entre mundos, muitas vezes é instado (por seus interlocutores ou por sua própria consciência e moral) a tornar-se um agente efetivo de processos de negociação, buscando mediar lógicas "nativas" e aquelas de outros agentes. Esse é um movimento complexo, que depende da natureza e dos limites da relação estabelecida.

É comum ouvir a inversão "participação observante", termo cunhado por Eunice Durham para descrever a ação de pesquisadoras/es engajadas/os em causas das populações com as quais trabalha. "Participação observante" geralmente carrega uma crítica sobre um trabalho que deveria se focar na observação, mas o faz na participação. Nessa perspectiva, a participação atrapalharia a observação, enquanto na formulação original há a ideia de que a observação se vale da participação para que ocorra. No livro *A aventura antropológica* (2004 [1986]), Eunice Durham e Ruth Cardoso apontam que as relações entre "observação" e a "participação", além de tensionar os "limites entre ciên-

133

cia e ideologia" (CARDOSO, 2004 [1986]: 103), implicam uma discussão metodológica sobre o trabalho de campo, visto que a participação de antropólogos/as em pesquisas realizadas nas cidades é marcada por subjetividades. Assim, é importante reconhecer que ambas são centrais na pesquisa etnográfica, mas deve-se, como apontam Ruth Cardoso e Eunice Durham, compreender as sinuosidades entre elas e suas implicações teóricas, metodológicas, epistemológicas e políticas, sempre a partir de uma perspectiva crítica. A solução para essa troca de posições (adjetivas e substantivas) talvez esteja na preocupação em descrever (etnograficamente) com criatividade e precisão não apenas o fenômeno observado, mas também os aspectos metodológicos da relação estabelecida, além de construir a relação sem deixar de lado a teoria e as preocupações que orientam a tradição antropológica.

6
Texto etnográfico

Mas de que adianta toda experiência vivenciada em campo, se esta não puder ser registrada e compartilhada com quem não "esteve lá"? Como a etnografia, antes uma intensa prática de contato com o outro, se transforma em um texto acadêmico que se pretende descritivo e científico? O primeiro passo, talvez, seria a redação de um bom relato de campo, uma das ferramentas metodológicas mais conhecidas da Antropologia, mesmo por aqueles que não têm muito contato com a disciplina. Muitos o veem apenas como uma descrição objetiva dos dados coletados na pesquisa de campo. Desse ponto de vista, armado de uma certa ideia de ciência, o antropólogo teria como tarefa, após o período de coleta de dados, sistematizar e apresentar na forma de um relato o que foi observado e vivenciado – descrição esta que seria por ele consultada quando fosse elaborar o texto do seu relatório. Ambos, relato e relatório, principais produtos textuais de uma etnografia, deveriam, de acordo com essa perspectiva, ser desprovidos de qualquer processo subjetivo – das emoções, das impressões, das ideias, das indecisões e dos tantos conflitos inerentes à pesquisa de campo – já que seu intuito seria o de comunicar, do modo mais imparcial possível, os dados coletados e sua análise. Pode-se dizer que essa busca pela objetividade é uma das marcas da Antropologia até a primeira metade do século XX. No entanto, já há algumas décadas, novas propostas de compreensão e elaboração da escrita etnográfica têm sido apresentadas.

Se neste livro busca-se apresentar de forma sintética como as diferentes etapas desse tipo de pesquisa têm sido interpretadas e operacionalizadas, o capítulo que segue propõe-se uma reflexão mais aprofundada sobre seu processo de escrita. É, portanto, muito importante atentar para como diferentes autores da antropologia têm olhado para o texto etnográfico, suas sutilezas e particularidades.

Alguns marcos teóricos

Além de contribuir para as reflexões sobre a pesquisa de campo com seus relatos sobre a briga de galos entre os balineses citados no capítulo anterior, Clifford Geertz também apresentou uma proposta bastante particular para se debater o texto etnográfico. O autor argumenta que o trabalho do antropólogo é, antes de tudo, realizar uma *descrição densa* daquilo que observa[30]. Essa descrição, para

---

30. Para construir seu argumento, Geertz (2008 [1973]) apresenta uma interessante reflexão do filósofo britânico Gilbert Ryle (1949) sobre a "piscadela". De acordo com Ryle, um ato simples como um piscar de olhos pode carregar significados absolutamente distintos dependendo da situação e da intenção de quem o executa. A ação de contrair as pálpebras pode ser tanto um tique nervoso como um método de comunicar algo para outra pessoa – um acordo, uma mensagem, um código, uma brincadeira, uma imitação. Um gesto simples, assim, dependendo do contexto e da forma

Geertz (2008 [1973]), vai além de uma interpretação do antropólogo acerca daquilo que diz seu interlocutor de pesquisa: é uma interpretação de uma interpretação ou, como mesmo diz o autor, interpretações de "segunda ou terceira mão". É como se, ao escrever seu texto etnográfico, o pesquisador estivesse lendo um texto já escrito pelo outro. Ou seja, o etnógrafo só pode escrever sobre aquilo que foi compreendido, elaborado e analisado por seu interlocutor de pesquisa. Ele escreve um texto sobre um texto (mesmo que este "texto nativo" seja "escrito" na forma de um ritual, de um relato oral ou de qualquer outra ação).

Mas, como Geertz mesmo assume, a escrita etnográfica não está restrita somente àquilo que se anota no calor da experiência etnográfica. Qual seria a relação, portanto, entre o que se anota e se interpreta em campo e o que se cria depois, no momento da descrição? É Marilyn Strathern (2014) quem procura mostrar como o antropólogo realiza seu trabalho em dois campos que se relacionam de uma maneira complexa. Por um lado, a observação participante (ou qualquer outra estratégia utilizada para o desenvolvimento de uma pesquisa etnográfica) ocorre no que se costuma chamar de "campo", um espaço físico ou virtual, durante um tempo determinado, em que o pesquisador procura estabelecer uma relação com as pessoas que lhe vão apresentar seus modos de vida. Por outro lado, a

---

como é realizado, pode significar coisas totalmente distintas. O trabalho do antropólogo, também para Geertz é, ao fim e ao cabo, interpretar esses tantos significados mobilizados pelos seres humanos em seu convívio social por meio de uma descrição densa – termo que também toma emprestado de Ryle – de suas manifestações culturais.

pesquisa também se desenrola em um "segundo campo", que concentra os locais e momentos de escrita dos textos acadêmicos, de construção de projetos de pesquisa e de debate entre pares.

Esses dois campos se relacionam de forma complexa porque cada um influencia o outro diretamente, mas nenhum deles chega a englobar totalmente o outro (STRATHERN, 2014). É a perspectiva da escrita e da produção de um texto (um relatório, uma dissertação ou tese) que leva o pesquisador ao campo e orienta sua atuação. Pode escrever justamente porque realizou o trabalho em campo. Nessa perspectiva, o antropólogo vai para longe de sua zona de conforto e volta para escrever: está distante daqueles com quem interage em campo e próximo dos leitores.

As pesquisas de antropologia urbana apontam para outras perspectivas e estratégias para lidar com a alteridade, já que pesquisador e interlocutores nem sempre estão muito distanciados. Dessa maneira, se interlocutores não estão "lá" e leitores "aqui", o papel da antropóloga ou antropólogo não é mediar o contato entre diferentes regimes de pensamento, mas descrever os diálogos estabelecidos. Em relação à escrita, uma consequência disso é perceber que o texto etnográfico não vai ser lido apenas por quem está distante do que é descrito e analisado (e próximo do pesquisador), também serão leitores potenciais os próprios interlocutores.

Convém aqui relembrar a discussão de George Marcus (1991) e James Clifford (2002) sobre um aspecto da escrita etnográfica que não pode, de modo algum, passar despercebido: as relações de poder e autoridade implícitas neste método de pesquisa.

A Antropologia se constituiu como campo de pesquisas e como disciplina acadêmica na primeira metade do século XX, imersa em um entendimento específico sobre a ciência e sobre a sociedade. Nessa época, se a perspectiva evolucionista do século anterior já estava sendo questionada, a Antropologia ainda assumia um caráter colonial, uma vez que se estabelecia a partir das observações, relatos e da escrita dos pesquisadores europeus ou norte-americanos sobre o mundo e sobre o *Outro*.

Ora, não é só nas relações de contato direto entre o homem branco ocidental e os tantos outros povos que habitam o mundo que se dá o estranhamento e onde se estabelecem relações de poder. Nesse momento do contato é onde a diferença se faz mais evidente (como revelam as famosas imagens dos antropólogos de pele branca com seus chapéus de exploradores e suas botas de cano alto sentados juntos a homens e mulheres de pele escura, com poucas vestes). Mas no processo de escrita, em que o pesquisador organiza suas experiências de campo de modo que façam sentido – para ele e para o leitor –, manifestam-se tantas outras relações de poder e colonialismo. Como diz James Clifford:

> Se a etnografia produz interpretações culturais através de intensas experiências de pesquisa, como uma experiência incontrolável se transforma num relato escrito e legítimo? Como, exatamente, um encontro intercultural loquaz e sobredeterminado, atravessado por relações de poder e propósitos pessoais, pode ser circunscrito a uma versão adequada de

um "outro mundo" mais ou menos diferenciado, composta por um autor individual? (CLIFFORD, 2002: 21).

A escrita etnográfica, para o autor, se constituiu como um gênero textual singular, fundamentado na premissa de que haveria um conhecimento e uma prática técnico--científica que o subsidiaria. Assim como para Strathern, aqui o relato de campo e a redação do relatório da pesquisa são vistos como atos de transformação – da experiência confusa e "incontrolável" de alteridade para um texto coeso e "legítimo". No entanto, é também compreendido que estes textos são impregnados de poder e de autoridade, uma vez que se apresentam como provedores – ou reveladores – de uma verdade.

Como dito anteriormente, para os primeiros etnógrafos, o pesquisador bem treinado, dotado da perspectiva científica, poderia produzir um texto objetivo e descritivo que transmitiria ao leitor o conhecimento acadêmico sobre um povo, uma cultura, uma comunidade. Este texto objetivo e científico levaria o leitor a ter profundo conhecimento daquele objeto de pesquisa, como se ele mesmo tivesse estado naquele local realizando aquela observação. De acordo com James Clifford, esse seria o pilar maior da autoridade da escrita etnográfica – o fato de ela supostamente traduzir uma experiência real, concreta, de um pesquisador de campo. O texto etnográfico, em resumo, mostraria que "você está lá... porque eu estive lá".

A experiência concreta de observação, levada a cabo por um sujeito específico – um cientista – dotado de sua poderosa ferramenta de produção de conhecimento, traria legitimidade ao texto etnográfico. Esse revestimento de autoridade, no entanto, esconderia as dificuldades, os imponderáveis e as relações de poder (colonial, étnico, financeiro, de gênero e sexualidade etc.), presentes no contexto da pesquisa.

Subjetividades e relações de poder que hoje se defendem nunca devem ser escamoteadas, mas sim explicitadas, pois mostram os alcances e os limites de uma boa etnografia. Temas enfrentados por diversos autores e autoras a partir de uma perspectiva decolonial (CARVALHO, 2001) que, ao problematizar a autoridade discursiva e priorizar intercâmbios e relações de reciprocidade construídos em campo, questionam a reprodução de um "extrativismo epistêmico" (BARBOSA, 2018), que consistiria em narrativas hegemônicas no campo do saber e da ciência construídas sob uma lógica de dominação (coloniais, imperialistas, patriarcais).

O processo de escrita etnográfica

Quem realiza uma etnografia está lidando constantemente com formas textuais. É através de descrições que são realizados os registros, sistematização e análise. Bruno Latour (2003: 243) chegou a afirmar: "descrições são o nosso negócio". Os principais modelos de texto compõem uma tríade: o *caderno de campo*, o *relato de campo* e o *relatório de pesquisa*. Cada um desses modelos interdependentes representa uma etapa do trabalho do antropólogo e envolve técnicas e questões específicas que serão tratadas a partir de agora. É importante, entretanto, lembrar que há muitas outras formas textuais com as quais antropólogos trabalham: projetos de pesquisa, documentários, cartas de apresentação, artigos, comunicações e divulgações, crônicas, laudos, relatórios técnicos.

O diário

Em 1967, 45 anos após a publicação da obra *Argonautas do Pacífico Ocidental*, foi lançado um novo livro que fez tremerem as bases da Antropologia. Tratava-se do diário pessoal de Bronislaw Malinowski, *Um diário no sentido estrito do termo* (1922). Essa coletânea de textos foi organizada e publicada por Valetta Malinowski, viúva do antropólogo, e revelava aos seguidores do fundador do método etnográfico o "outro lado" do cientista racional e objetivo que aparece nas monografias por ele publicadas.

Na leitura dos relatos pessoais de Malinowski encontra-se uma pessoa diferente: ali se vê um sujeito cheio de inseguranças, dúvidas e chateações, sensível aos tantos eventos que ocorriam no mundo naquele momento – como a Primeira Guerra Mundial – e também aos acontecimentos mais triviais e cotidianos de sua relação com os trobriandeses – seus interlocutores na pesquisa. Nesse livro, o leitor entra em contato com o dia a dia, muitas vezes maçante, vazio e pouco recompensador de um antropólogo em campo. O leitor também vislumbra um lado "obscuro" de Malinowski: suas irritações, seus preconceitos, seus desejos. Cabe aqui um trecho longo deste relato, pois por ele é possível dar àqueles que nunca realizaram uma pesquisa etnográfica um pequeno exemplo do cotidiano, muitas vezes difícil e frustrante, do antropólogo em sua pesquisa:

> Na terça, dia 3, não me senti muito bem também. De manhã fui à aldeia, e não encontrando ninguém, voltei para casa furioso, com a intenção de rever minhas anotações, mas na realidade apenas li os jornais. No dia seguinte (dia 4) mandei Igua à aldeia para ver se havia algum informante. Outra vez ninguém estava lá. Fiquei em casa. *Não*, isso foi na quinta. Não me lembro da terça. De qualquer forma, na quinta eu soube que Greenaway havia chegado. Fui à aldeia e achei G. numa *oro´u* com um cortejo de nativos. Voltamos juntos para a missão. [...] Durante todo aquele tempo eu me senti meio mal. Li [*O conde de*] *Monte Cristo* sem parar. [...] Passamos por uma pequena ilha habitada, parecida com Mailu, depois por praias cobertas de vegetação. [...] Nem mesmo no fiorde, onde o mar estava mais calmo, consegui voltar à minha realidade. Minha cabeça estava pesada – eu estava sonolento –, continuava lendo no barco, esperando o chá. Depois fui para a praia, desembarcando próximo ao paiol da lavoura. Algumas casas da aldeia tinham telhados côncavos, algumas tinham paredes sob o telhado, *não*, do tipo Mailu. Tentei reunir anciãos que falassem motu. Aproximou-se de mim um senhor idoso com expressão agradável e olhar límpido, repleto de tranquilidade e sabedoria. De manhã, a coleta de informações se desenvolveu bem. Voltei, comi no navio e li. Por volta das 5h, desembarquei e sentei-me à beira-mar, na sombra. A coleta de informações foi menos boa.

> O senhor começou a mentir sobre os enterros. Fiquei furioso, levantei-me e fui dar um passeio. [...] Retornamos por um caminho ligeiramente diferente – senti-me nervoso; tive medo de ter perdido o caminho e isso me irritou. Noite sob palmeiras, Igua, Velavi; conversamos sobre os velhos costumes. Velavi abriu novos horizontes para mim, sobre *borbore*, sobre lutas etc. Dormi mal, um porco ficou me perturbando. Acordei sem ter restaurado as forças. Fui até a lancha e li *Monte Cristo*. [...] Entramos na maravilhosa [angra] Millport... Em seguida, contornamos até outra aldeia. [...] No caminho de volta vomitei. Li no barco, depois, à noite, li e terminei o *Monte Cristo*, jurando que jamais voltaria a tocar num romance (MALINOWSKI, 1997: 70).

A crise provocada pela publicação do diário de Malinowski agitou o mundo antropológico, uma vez que revelou um outro lado da pesquisa. Lado este que até a segunda metade do século XX buscava-se esconder no momento da escrita, em função da redação de uma monografia objetiva e científica. Mais recentemente e, em função da publicação desse material, tal postura tem sido questionada. Isso não quer dizer que todos os etnógrafos devam, então, publicar seus desejos e suas reflexões mais pessoais, mas que a subjetividade da experiência antropológica passa a ser um importante dado de campo, um fator de primeira importância para a análise. Como sintetizou Vagner Gonçalves da Silva:

> A relevância do diário de Malinowski não deve ser atribuída, entretanto, apenas às suas passa-

gens "picantes", que certamente irão satisfazer a curiosidade contemporânea pela intimidade alheia. Seria um desperdício usarmos o diário apenas para mostrar que afinal de contas Malinowski não era um "bom moço" e que, portanto, podemos arranhar sem remorsos a pintura deste "totem" da Antropologia ou atirar pedras contra o "telhado de vidro" de seu magnífico edifício etnográfico. Ao mostrar que a vida do "pai da moderna etnografia" entre os ilhéus não foi um mar de rosas, o diário nos incita a olhar com maior atenção e sinceridade os bastidores da pesquisa antropológica e sua relação com os produtos que os antropólogos trazem ao público em forma de teses, livros, relatórios etc. (SILVA, 1997).

O diário de Malinowski mostra um dos papéis do caderno de campo. Como visto no capítulo 4, o caderno, que todo antropólogo leva consigo durante a pesquisa, é um indispensável instrumento, no qual são registradas as informações coletadas em toda a experiência etnográfica. Ali tudo se anota, ali se desenha, se descreve, seja na forma de diário, por meio de esquemas ou já de modo mais bem-acabado, como um relato de algo ocorrido em um certo intervalo de tempo. Sejam dados referentes a eventos especiais, rituais, práticas culturais específicas; sejam impressões pessoais, desabafos, ideias transitórias.

Neste caso em especial, foram publicadas as páginas do que Malinowski entendeu como sendo seu diário pessoal, levando a crer que o autor separou outro espaço para anotar aquilo que considerava, efetivamente, dado de pesquisa. É muito comum, no entanto, que o caderno de campo cumpra tanto o papel de diário quanto de repositório dos dados de campo. Por isso é importante ressaltar que essa ferramenta é de uso particular e restrito ao etnógrafo. Claro, pode até ser compartilhado com colegas e amigos, mas deve-se tomar cuidado, pois nem sempre é desejável que aquilo que esteja ali venha a ser, em algum momento, tornado público. Malinowski que o diga...

Do bom e velho caderno ao relato de campo

> Este livro é a edição sem retoques dos meus diários de campo nas duas expedições que fiz, entre 1949 e 1951, às aldeias dos Urubus-Kaapor. Eu tinha, então, 27 anos, o vigor, a alegria e o elã dessa idade, de que tenho infinitas saudades. Enfrentava sem medo marchas de mil quilômetros, temporadas de dez meses [...]. Meus diários são anotações que fiz dia a dia, lá nas aldeias, do que via, do que me acontecia e do que os índios me diziam. Gastei nisso uns oito grossos cadernos, de capa dura, que ajudava a sustentar a escrita. Porque índio não tem mesa. Muitas vezes escrevia sobre minhas pernas ou deitado em redes balouçantes. Você imaginará a letra horrível que resultava disso.

A citação acima, retirada do livro *Diários índios*, de Darcy Ribeiro (1996: 9), revela a importância deste documento pessoal de registro, em que se anotam rapidamente as observações à medida que ocorrem, ou até pouco tempo após a experiência. Essas anotações, associadas à memória do pesquisador, servirão para a produção de um segundo texto: o relato de campo.

Tanto o caderno de campo quanto o relato devem se basear fundamentalmente na descrição da experiência: o pesquisador não precisa se preocupar em já estabelecer conexões entre o que foi observado e as teorias com as quais dialoga, ou mesmo suas hipóteses de pesquisa. Essas ideias invariavelmente estarão presentes no olhar do antropólogo que se preparou para realizar uma pesquisa de campo, mas a incursão etnográfica é um momento em que o pesquisador deve ir aberto para entender o que o próprio campo (as pessoas, as situações, o espaço, os símbolos...) lhe apresenta. Uma preocupação excessiva em responder às perguntas previamente formuladas e estabelecer comparações com outros casos estudados pode gerar tanto um sentimento de ansiedade no pesquisador, que buscaria a cada interação encontrar imediatamente os significados profundos dos fenômenos que se dispôs a estudar, quanto um viés em seu olhar, diminuindo a capacidade de se deixar conduzir pela realidade que observa.

Ainda que sejam semelhantes nesse sentido, o caderno e o relato diferem bastante. Enquanto o caderno pode ser incompleto, rasurado e composto de ideias soltas, no relato o pesquisador deve procurar escrever de uma maneira mais completa, geralmente cronológica e o mais detalhada possível. Esse novo documento se tornará o material principal de seu trabalho de análise.

As informações no caderno de campo são muito úteis, mas têm um prazo de validade curto. Uma vez que se "passa a limpo" o caderno no relato, o primeiro tende a ser esquecido rapidamente. Certamente que revisitar antigos cadernos de campo pode trazer novas informações e impressões que o pesquisador não quis ou não pôde passar para o relato, mas não se espera que no processo natural da pesquisa o antropólogo precise voltar a suas anotações do caderno.

O relato, por sua vez, é mais duradouro, mas também deixa para trás as marcas mais pessoais que podem estar presentes no caderno: anotações feitas com mais força no papel, símbolos gráficos de espanto, descoberta ou mesmo expressões de tédio tendem a se transformar na escrita do relato. Aspectos mais pessoais que podem estar presentes em um caderno, como diário, desabafos, preocupações e emoções, passam por uma releitura para que possam ou não ser descritos no relato de campo. As emoções que um pesquisador vive durante a pesquisa têm sim espaço em um relato de campo, mas, ao serem descritas *a posteriori*, podem ser registradas de maneira mais refletida e distanciada.

Um exemplo pode ser visto nos dois registros a seguir, trecho do caderno de campo e posterior relato, referentes a uma mesma situação: a apresentação da Banda Sinfônica do Estado de São Paulo no Sesc Santos. Nessa pesquisa, que será descrita em um capítulo posterior, o intuito era acompanhar as várias atividades que ocorriam em unidades do Sesc em São Paulo e entender as motivações do público da instituição:

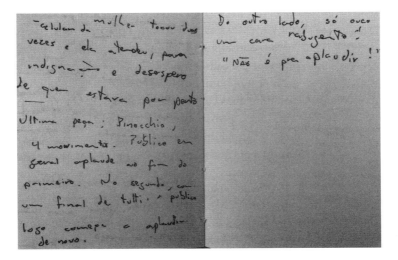

Páginas de Caderno de Campo escritas à mão

Ao longo de uma hora de música que seguiu, alguns episódios na plateia chamaram a atenção. As três primeiras peças foram em movimento único e geraram muito aplauso da plateia, com as tradicionais tossidas e pigarros nos intervalos entre as músicas. Ao nosso lado, uma senhora de meia idade, bem vestida, percebeu que seu celular estava tocando e atendeu, para indignação e desespero de quem estava por perto. A música estava prestes a recomeçar quando ela desligou a chamada. A segunda vez que o celular tocou (agora durante a execução de uma peça), ela atendeu e conversou por alguns segundos em voz alta. O desespero do público cresceu, e em torno pudemos ouvir suspiros indignados, "não acredito"s e "shhh!"s. Sem aparentar arrependimento, ela desligou o aparelho, que fez um som horrível para tanto.

Na segunda parte, o maestro Marcos Shirakawa pegou o microfone e pediu desculpas à plateia porque o ator que interpretaria cenicamente a próxima peça (*Pinocchio*, de Ferrer Ferran, em 4 movimentos) estava doente e não poderia interpretar. Sendo assim, pediu que o público usasse a imaginação e pudemos ouvir lamentos. Ao final do primeiro movimento, uma grande parte do público aplaudiu, mas com o maestro didaticamente pronto para dar a próxima entrada, os aplausos cessaram logo. Ao final do segundo movimento, logo começaram a aplaudir de novo. Do outro lado do teatro, ouvimos uma voz rabugenta falando do público: "não é pra aplaudir!" (trecho de Relato de Campo, 05/07/2015 – Unidade Santos do Sesc-SP, por ocasião da pesquisa Cultura e lazer: práticas físico-esportivas dos frequentadores do Sesc em São Paulo – Yuri Bassichetto Tambucci).

É de se esperar que ao longo do tempo a lembrança de várias idas a campo se misture e se confunda, modificando de forma permanente a memória do que foi vivenciado. Os relatos de campo têm como objetivo preservar essa experiência e impedir que a narrativa do pesquisador se torne inconsistente. Por esse motivo, o detalhamento é importante: deve tornar viável revisitar a experiência em diferentes momentos da análise, permitindo inclusive se surpreender por observações que em uma primeira leitura não parecessem tão relevantes. Trata-se, ainda, de um documento interno, que não deve circular de forma pública: pode conter informações delicadas sobre as situações vivenciadas, descrições que só poderão ser totalmente compreendidas e trabalhadas em comparação e contraste. Mesmo assim, sua escrita deve ser feita com um leitor em vista, tornando-se um material que pode ser trabalhado ao longo do tempo ou em conjunto com outros pesquisadores.

Seja em pesquisa inicial ou coletiva convém, para efeitos de comparação, começar o relato com um protocolo de cabeçalho, como o do exemplo abaixo:

> Caminhada etnográfica, sábado, dia 7 de maio 2022 – Avenida Paulista/Rua Augusta, equipe NauCidades / Projeto: Centralidades Lima – São Paulo. Participantes: José Guilherme C. Magnani, Yuri Tambucci, Enrico Spaggiari, Jéssica Andrade, Paulo Tacio. Relato de campo: José Guilherme.

Relato de campo

Para a escrita do relato há uma série de técnicas que podem ser utilizadas, dependendo do estilo pessoal do pesquisador e da forma como se considera mais interessante organizar as informações etnográficas. Dentre elas, a descrição cronológica dos acontecimentos e dos *cenários, atores e regras* – estratégia apresentada no capítulo anterior –, costuma ser bom ponto de partida.

Nesse processo, vale realizar tanto descrições mais objetivas quanto mais subjetivas, apresentar conversas de forma direta ou indireta, criar listas para enumerar o que foi observado, realizar comparações, apresentar versões conflitantes, expor suas próprias incertezas em relação ao que foi observado. O que importa ao final é que o relato se torne um documento preciso da experiência de campo, podendo ser consultado e analisado ao longo de todo o trabalho pelo pesquisador e, no caso de pesquisa coletiva, por seus colegas e pelo tempo que dura cada investigação; não há necessidade, nesta etapa, de tentar interpretações mais sofisticadas, com citações de autores; importa deixar registrado o local da pesquisa, a data, a descrição do percurso, o registro dos atores envolvidos, o desenrolar da incursão no campo.

Cabe observar que o relato não circula de forma pública a não ser em alguns casos – devidamente editado e com anuência dos envolvidos. A revista *Ponto.Urbe*, por exemplo, tem uma seção denominada "Etnográficas"[31], voltada à publicação de relatos de campo, principalmente de pesquisas em andamento. É o caso, por exemplo do relato escrito pelo

---

31. Para ler alguns relatos publicados como "Etnográficas", acesse https://journals.openedition.org/pontourbe/ No site do LabNAU há uma seção dedicada a textos produzidos por seus integrantes, incluindo também relatos de campo: https://www.nau.fflch.usp.br/ https://www.nau.fflch.usp.br/textos

pesquisador Giancarlo Machado após uma incursão etnográfica realizada em 2014. Nesta, foram visitados, por uma equipe, diferentes espaços da Zona Leste de São Paulo afetados pela preparação do Brasil para a Copa do Mundo, que ocorreria dali a poucos meses. O relato, publicado pela revista *Ponto.Urbe*[32], descreve uma visita ao acampamento do Movimento dos Trabalhadores Sem Teto (MTST) chamado "Copa do Povo"[33], localizado nas imediações da "Arena Itaquera", estádio onde seriam sediados os jogos na cidade de São Paulo.

O relatório de pesquisa

O terceiro tipo de texto que compõe as etapas de uma etnografia é o **relatório**. Seu formato específico varia de acordo com o caráter da pesquisa: pode ser um relatório parcial ou final de uma iniciação científica, um trabalho de conclusão de curso, uma dissertação de mestrado, uma tese de doutorado, textos de divulgação científica, laudos antropológicos, análises de impacto social, artigos. O que caracteriza o relatório é a exposição pública da etnografia realizada, a análise sistemática desse material e a fundamentação teórica. Nesse texto, geralmente, o pesquisador revisita seu projeto de pesquisa, suas perguntas e interesses teóricos, explicita os procedimentos metodológicos utilizados e

---

32. O relato na íntegra pode ser acessado na 15ª edição da revista. Link: https://journals.openedition.org/pontourbe/2403

33. Ao adotar um tom crítico à realização da Copa do Mundo, inclusive em seu próprio nome, a ocupação desnudava um conjunto de críticas à realização do megaevento no país.

apresenta os dados obtidos de maneira que se construa um argumento. Nesse momento, os relatos de campo podem ser trazidos para o texto, na forma de paráfrases ou mesmo citações, combinando diferentes experiências e buscando apresentar as regularidades observadas.

Similar a qualquer relatório acadêmico, é nesse texto que o pesquisador organizará o conjunto de pistas e descobertas – na maioria das vezes, no caso de uma pesquisa antropológica, coletadas em um contexto de experiências "incontroláveis", como diria James Clifford (2002) – em um texto coeso e bem detalhado. Esse texto pode ter um caráter mais descritivo ou pode, também, buscar interpretar as experiências da pesquisa etnográfica à luz das mais diversas abordagens teóricas.

Para reforçar a importância da descrição, Bruno Latour (2006) simula um diálogo entre um estudante desesperado quanto à escrita de sua tese e um professor (ele mesmo) que se dispõe a ajudar e é taxativo: "Descreva simplesmente o estado dos fatos que estão à mão". "Descreva simplesmente! Mas isso não é terrivelmente ingênuo?", pergunta inconformado o estudante. O professor, então, responde:

> Por que você pensa que descrever é fácil? Você deve estar confundindo descrição com encadeamento de clichês. Para cada centena de livros de comentários, argumentações, de glosas, há somente uma obra de descrição. Descrever, estar atento ao estado concreto das coisas, encontrar a narrativa adequada e única para uma situação dada – Eu pessoalmente sempre achei isso incrivelmente exigente (LATOUR, 2006: 341).

O conselho de Latour pode ser um tanto radical, mas é importante ouvi-lo. Está claro que todas as descrições etnográficas são imersas em relações de poder e que, de fato, é importante a interpretação da descrição a partir de ferramentas teóricas, mas não se pode esquecer que a etnografia busca sempre escrever algo sobre práticas e relações sociais, chegando até mesmo, como fazia Lévi-Strauss, a descrever aspectos estruturais da vida e do pensamento humano.

Descrever, da forma mais detalhada possível, em seu relatório de pesquisa, deve ser o principal objetivo do etnógrafo, pois "em algum momento, como mostrou Lévi-Strauss, os fragmentos se ordenam, perfazendo um significado até mesmo inesperado" (apud MAGNANI, 2009: 135).

Mas como chegar a esse resultado? Para entender é preciso voltar um pouco e refletir sobre alguns processos fundamentais que o antropólogo realiza. Um primeiro procedimento – muitas vezes ignorado – é a organização e sistematização do material de pesquisa. Quem realiza etnografias geralmente se vê acompanhado por muitos e diversos documentos: os cadernos de campo escritos à mão (que podem estar deteriorados, desgastados), anotações avulsas realizadas quando o caderno não estava disponível, objetos coletados, papéis onde se rabiscam esquemas, documentos digitais de toda sorte (fotografias, imagens, textos, áudios, vídeos), sem contar as muitas versões parciais dos muitos relatos de campo, ensaios sem conclusão, ideias para artigos e investigações futuras. A organização desse material, sua conservação e facilidade de acesso precisam ser levados em conta por quem faz uma pesquisa.

Um segundo procedimento, que se cruza com o primeiro em alguns aspectos é a organização das informações. O processo de análise raramente é linear – envolve idas e vindas entre hipóteses, dados e argumentos. Ao longo de toda a pesquisa, em suas diferentes etapas, busca-se classificar e categorizar, traçar comparações e encontrar lógicas, para, ao final, encontrar regularidades explicativas a partir de fragmentos da vida social.

Entrelaçado à organização e análise está um processo que costuma ficar escondido, mas que merece vir à tona para que possa ser planejado – a *codificação*. Esse termo se refere a uma etapa analítica de toda investigação que geralmente nem chega a ser nomeada porque muitas vezes se realiza de forma intuitiva, principalmente no caso de produções individuais, como dissertações e teses acadêmicas, ou mesmo em investigações exploratórias. Nos casos de pesquisas coletivas, como as que serão abordadas nos capítulos da próxima seção, que geram grande volume de dados, é necessário, em muitos casos, que seja realizada uma reflexão mais detida sobre o assunto.

Ainda que esse tema tenha se tornado mais conhecido com a crescente utilização de softwares de análise de dados qualitativos, o processo de codificação é antes de tudo um recurso analítico e um exercício mental de levar os dados empíricos, concretos, provenientes do trabalho de campo para uma reflexão teórica mais aprofundada. Entre essas duas etapas, existem níveis distintos de organização das ideias.

Códigos são utilizados como uma primeira maneira de agrupar dados de campo, sem precisar realizar um salto analítico e mantendo-se em um campo mais concreto do pensamento. A abstração virá depois, com a construção de categorias, de temas e teorias. Os códigos, nesse sentido, são termos, palavras, frases curtas, organizados hierarquicamente, que permitam ao pesquisador acessar com maior facilidade as informações de seu relato de campo. Os códigos descrevem o que se manifesta de forma explícita no relato de campo e permitem a comparação do que foi vivido, a leitura esquemática; e, ao final, o reconhecimento daquilo que é uma informação de campo, mas que se apresenta de forma sutil, implícita ou dispersa ao longo dos relatos.

Quando relê o seu relato e identifica palavras, frases, ideias e signos que parecem relevantes no universo de seus interlocutores, o pesquisador está codificando seu texto. Abaixo, segue um trecho de um relato codificado:

Trecho de relato codificado tematicamente durante a realização da Pesquisa Cultura e lazer – As práticas sociais dos frequentadores do Sesc-SP (2015).

O processo de codificação e análise é cíclico: há idas e vindas entre ler os dados brutos, codificar, reconhecer regularidades, testar e atualizar teorias. O conjunto de relatos de campo sempre tem a capacidade de apresentar novidades inesperadas ao pesquisador. Isso ocorre porque o processo de análise também é etnográfico, isto é, envolve o diálogo entre dois polos dispostos ao encontro. Assim, o que os relatos de campo podem mostrar depende também dos interesses teóricos do pesquisador.

Há duas importantes ferramentas (que podem ser utilizadas em qualquer processo de análise): o estabelecimento de uma árvore e de um *dicionário de códigos*. A *árvore* é um esquema gráfico que exprime a relação entre os códigos, os conjuntos que integram, as hierarquias às quais são submetidos. Essa ferramenta ajuda a manter no horizonte o conjunto total de códigos utilizados e facilita o processo de análise. O *dicionário de códigos*, no qual se explicam os critérios para a atribuição de cada código específico aos dados de campo, é uma maneira de formalizar o pensamento, verificando seu rigor e possíveis inconsistências, além de garantir que todos os que entrem em contato com os dados de campo possam participar do processo de forma completa e precisa[34]. Abaixo, um pequeno trecho do

---

34. Estes termos de nomenclatura técnica – como codificação, árvore de códigos e dicionário de códigos – indicam, como dito acima, um tipo de trabalho que é realizado, em geral, por qualquer um que se proponha a analisar textos, relatos e entrevistas em pesquisas qualitativas. No entanto, os termos são acionados, principalmente, quando se mobilizam ferramentas mais técnicas, como softwares para a análise, tais como o MaxQDA e o NVivo. O uso prático dessas ferramentas será melhor ilustrado no capítulo 8.

dicionário de códigos elaborado durante a realização da pesquisa Cultura e lazer – As práticas sociais dos frequentadores do Sesc-SP:

Descrição do entorno
Todo trecho que contar com uma descrição da região em que se localiza a unidade, das formas de acesso a ela, de equipamentos próximos. Entra neste código a descrição de uma atividade ou fato ocorrido fora das unidades, seja parte da programação do Sesc ou não. Os relatos de campo externo devem ser taggeados integralmente.

Descrição do espaço interno
Todo trecho que contar com uma descrição de espaços dentro da unidade, incluindo sua arquitetura, áreas/espaços, os fluxos nos diferentes horários e dias de semana, a mobília, os equipamentos.

> **Fluxos:** Identifica todo trecho que descreva os fluxos internos de pessoas pelos espaços da unidade. Sempre que se taggear com esse sub-código é obrigatório taggear com o código mãe.

Esporte
Todo trecho em que aparece uma descrição ou discurso sobre o esporte, seja uma conceituação sobre as práticas esportivas, ou discussão sobre o caráter competitivo ou participativo de uma atividade, quando o esporte é tratado como algo ligado à saúde e forma física, à sociabilidade, ao comprometimento, ou trechos em que exista um conflito entre essas definições.

Trecho do *Dicionário de Códigos* elaborado para uso interno dos pesquisadores durante a realização da pesquisa Cultura e lazer – As práticas sociais dos frequentadores do Sesc-SP (2015).

O processo de análise dos dados de campo depende de uma boa codificação. Caso o pesquisador tenha encontrado temas, palavras, ideias ou conceitos que traduzam analiticamente aquilo que observou em campo, consegue encontrar as regularidades, os padrões e estabelecer eixos analíticos e interpretativos que apresentem de forma clara aquilo que a etnografia revelou.

Um bom relatório de pesquisa, dessa forma, é organizado de modo a apresentar claramente os principais achados etnográficos do antropólogo. Estes achados, quando organizados e comparados, levam às pistas explicativas e interpretativas; e estas pistas, no final das contas, podem talvez levar a contribuições teóricas inovadoras no campo em que trabalha. Abaixo, excerto do sumário do relatório final da pesquisa Cultura e lazer – As práticas sociais dos frequentadores do Sesc-SP:

4	**Pesquisa qualitativa: *expedição etnográfica***	67
4.1	Uma pesquisa, novas pistas	69
4.2	**"Tem que entender a cidade": dinâmicas e movimentos entre os municípios do interior paulista e as unidades do Sesc**	72
4.2.1	Inserção do Sesc nas cidades	72
4.2.2	Dinâmicas urbanas e segregação socioespacial	75
4.2.3	O Sesc em movimento	83
4.2.4	Ser "sócio" do Sesc: noções de cultura e coesão entre as unidades do interior	88
4.3	**"O Sesc é a referência": relações de pertencimento e acolhimento nas unidades do Sesc do interior de São Paulo**	95
4.3.1	Pertencimento por atividade	100
4.3.2	Pertencimento por ocupação do espaço	103
4.3.3	A cura nas piscinas do Sesc	109
4.3.4	Acolhimento	114
4.4	**"Ô, usuário!": categorias identitárias e construções de pessoa com base no discurso de frequentadores e funcionários do Sesc**	118
4.4.1	A cor da carteirinha	120
4.4.2	"Sempre têm muitos velhos"	124

Excerto do índice do relatório final da pesquisa Cultura e lazer – As práticas sociais dos frequentadores do Sesc-SP (2017).

Mais do que apresentar seus resultados nos moldes aceitos pela academia – introduzindo ao tema, apresentando a metodologia, organizando o relatório em capítulos de levantamento bibliográfico e, depois, de análise de dados para, finalmente, apresentar um texto de conclusão ou considerações finais – é sempre bom lembrar daquilo que disse Bruno Latour (2006): o bom texto antropológico deve apresentar, acima de tudo, uma descrição consistente, reflexo de uma pesquisa cuidadosa e atenta por parte do etnógrafo.

Aliás, a sequência do diálogo do sociólogo com seu aluno, presente no artigo de Latour, é também muito interessante. Ainda mais nervoso pela proposta um tanto diferente de seu professor sobre como escrever uma tese (descrevendo um fenômeno), o aluno pergunta: "Quando devemos parar? Meus atores estão por toda parte! Para onde devo ir? O que é uma descrição completa?" E o professor, mais uma vez, é taxativo: "Você para quando tiver escrito as suas 50 mil palavras ou qualquer que seja o formato aqui na LSE [London School of Economics and Political Science], eu sempre me esqueço".

Mesmo que a afirmação seja dita em tom irônico, para Latour, no mundo das pesquisas não é possível perder de vista que há um tamanho de texto previamente estipulado, um prazo determinado e, mais ainda, um valor financeiro empenhado. Assim, é também necessário que se assuma uma postura pragmática com relação à escrita. Faz-se o que é possível, no tempo e no tamanho determinados. O importante, e aqui o professor retoma aquilo que foi dito por Clifford Geertz há tantos anos, é que a tese, a redação, deve ser, antes de tudo, *densa*.

Outras "escritas"

A discussão realizada ao longo deste capítulo, que se deteve no texto etnográfico, não abordou outras formas possíveis de "descrição", outras linguagens e registros. Etnografias envolvem instrumentos audiovisuais (câmera, filmadora, gravador, telefone celular), desenhos, mapeamentos etc. Estas outras formas de registro e "escrita" atualizam as estratégias etnográficas de uma disciplina que, como foi visto no capítulo 4, valoriza seus procedimentos canônicos de pesquisa.

O uso de outros instrumentais, como os equipamentos audiovisuais, não implica abandonar o esforço descritivo, o uso do caderno de campo e a escrita de relatos. Como aponta Miriam Moreira Leite (1998), o texto escrito e o texto visual são práticas polissêmicas e complementares e que poderão expressar de diferentes formas questões relativas à pesquisa.

O livro *Balinese Character*, de Margaret Mead e Gregory Bateson (1942), uma das primeiras etnografias sistemáticas com imagens fotográficas, é um bom exemplo de produção antropológica construída na interface entre texto e imagem. Mead e Bateson registraram, em fotografias e filmes 16mm, o comportamento de crianças e práticas de socialização, num estudo comparativo das culturas e personalidades humanas. Em outras palavras, foi uma tentativa de compreender, a partir do emprego de textos e imagens, o modo como uma criança nascida em Bali incorporava costumes dessa cultura e tornava-se, assim, balinesa. Empregando conjuntamente os registros verbal e visual, e pensando esse último como fonte e não somente como simples ilustração, Mead e Bateson desafiaram os limites e virtudes da escrita e da imagem, reconhecendo-as como formas de linguagem singulares e complementares, e questionando o que ambas tinham a lhes dizer e oferecer. Entretanto, embora as considerassem práticas complementares, Mead e Bateson

> [...] sabiam que a imagem não era o equivalente do texto, sabiam que a capacidade despertadora da imagem não podia igualar a função enunciativa da linguagem. [...] O texto (i. é, a fundamentação das ideias, dos conceitos, das categorizações) aparece e permanece no primeiro plano. Precede sempre a imagem, nunca decorre dela. O texto conduz a imagem, dirige (SAMAIN, 2004: 69-70)[35].

---

35. Ettiene Samain (2004) realiza um interessante experimento a partir de três das cem pranchas fotográficas do livro *Balinese Character*. Cada prancha da análise fotográfica ocupava uma página dupla: uma página de fotografias e outra de comentários escritos pela dupla de antropólogos. Quando apresenta duas pranchas – a primeira, sobre o ensino e aprendizado sensorial da dança; a segunda, com figuras aparentemente desvinculadas –, Samain "esconde" os textos que acompanham as fotos. O processo inverte-se na apresentação da terceira prancha, partindo, agora, dos comentários completos elaborados pelos autores. A inversão permite saber primeiro a ideia ou visão que os antropólogos desejavam transmitir; depois, uma análise dos comentários, feita por Samain; finalmente, num terceiro momento, a visualização das fotografias. A partir desse experimento, a autora evidencia que "existem laços de cumplicidade necessários. Uma e outra [...] complementam-se. A escrita indica e define o que a imagem é incapaz de mostrar. A fotografia mostra o que a escrita não pode enunciar claramente" (SAMAIN, 2004: 61).

O diálogo de complementaridade entre textos etnográficos e produções audiovisuais (fotografias, vídeos, filmagens, sons, músicas) pode contribuir para a construção e divulgação de um conhecimento dialógico, polifônico e compartilhado, como teorizavam os autores pós-modernos ao revisarem a escrita etnográfica clássica.

O encontro entre a etnografia urbana e as linguagens audiovisuais, presente desde as pesquisas pioneiras da Escola de Chicago com fotografias, pode ser observado em um grande e diversificado conjunto de pesquisas que buscam, a partir de narrativas etnográficas audiovisuais, pensar a cidade e analisar as relações entre imagem, memória, formas de sociabilidade, experiências, itinerários e transformações urbanas de diferentes contextos citadinos, como mostram, por exemplo, os trabalhos de Cornelia Eckert e Ana Luiza Carvalho Rocha (2015) no Núcleo de Antropologia Visual (Navisual-UFRGS); de Andréa Barbosa (2012) no Visurb – Grupo de Estudos Visuais e Urbanos na Unifesp; e os de Sylvia Caiuby Novaes e Rose Satiko Gitirana Hikiji no Gravi (Grupo de Antropologia Visual/USP) e de participantes do Lisa/FFLCH/USP (Laboratório de Imagem e Som em Antropologia).

Portanto, a pesquisa etnográfica, em constante processo de atualização, pode se valer de diferentes estratégias e procedimentos. Isso, para Vagner Gonçalves da Silva (2000: 59), faz parte do trabalho etnográfico, visto que "a decisão sobre o que ver e ouvir e como registrar não depende somente do antropólogo, mas da representação que os grupos observados fazem sobre essas técnicas e que determinam as restrições impostas ou os consentimentos dados".

Os experimentos abordados a seguir, nos capítulos da terceira parte deste livro, retomam várias das questões sobre *ver, ouvir e registrar* trabalhadas até aqui, mas com foco em algumas estratégias de etnografia coletiva e compartilhada – também dialógicas e participativas, porém com suas particularidades – que lançam novos desafios às pesquisas em contextos urbanos.

Parte III

Experimentos

Enrico Spaggiari
Mariana Hangai Vaz Guimarães Nogueira
Rodrigo Valentim Chiquetto
Yuri Bassichetto Tambucci

7
Pesquisa coletiva: antecedentes

Como foi assinalado anteriormente, a imagem clássica do trabalho de campo antropológico é a do pesquisador solitário, imerso em sua pesquisa durante longos períodos, em interação cotidiana e direta com seus interlocutores. A famosa abertura da etnografia de Malinowski em seu clássico livro *Argonautas do Pacífico Ocidental* fornece bem o tom do estado de espírito inicial do etnógrafo:

> Imagine-se o leitor sozinho, rodeado apenas de seu equipamento, numa praia tropical próxima a uma aldeia nativa, vendo a lancha ou o barco que o trouxe afastar-se no mar até desaparecer de vista. Tendo encontrado um lugar para morar no alojamento de algum homem branco – negociante ou missionário –, você nada tem para fazer a não ser iniciar seu trabalho etnográfico de imediato. Suponhamos, além disso, que você seja apenas um principiante, sem nenhuma experiência, sem roteiro e sem ninguém que possa auxiliá-lo – pois o homem branco está temporariamente ausente ou, então, não se dispõe a perder tempo com você. Trata-se da descrição exata de minha iniciação na pesquisa de campo, no litoral sul da Nova Guiné (MALINOWSKI, 1978 [1922]: 19).

Mesmo assumindo em seus agradecimentos que a etnografia "exige que o pesquisador dependa da assistência e do auxílio de outros", Malinowski demonstra que essa modalidade de pesquisa deve ser desenvolvida, sobretudo, por um indivíduo dotado dos conhecimentos científicos e treinado na coleta dos dados de campo – os quais devem ser apresentados "de maneira clara e absolutamente honesta".

O modelo do etnógrafo solitário em meio a uma comunidade longínqua foi, de fato, aquele que acabou por se tornar o paradigma da antropologia; assim, se Malinowski escreveu sobre os trobriandeses, Evans-Pritchard fez sua pesquisa entre os Nuers e os Azande; Radcliffe Brown trabalhou com as "tribos australianas"; Margaret Mead teceu reflexões sobre os samoanos e Clifford Geertz sobre os balineses – só para citar alguns. Mesmo no campo da Antropologia Urbana, na falta de um "povo", o que se verifica é o estudo de um "grupo": foram os jovens imigrantes italianos descritos por William Foote Whyte (1943) no livro *Street Corner Society* em Boston e, hoje, em São Paulo, são coletivos como os dos veganos, surdos, evangélicos, umbandistas, pichadores, associações LGBTQIA+, jogadores de futebol de várzea, ciclistas e tantos outros que foram seguidos e registrados no ("velho e bom") caderno de campo por pesquisadores do LabNAU, entre muitos outros.

No entanto, pesquisar nem sempre foi uma tarefa solitária. Na verdade, há múltiplos exemplos de investigações acadêmicas feitas por grupos de pesquisa que delimitam diferentes campos de pesquisa, abordados por vários ângulos, muitas vezes a partir de diversos olhares. Nesses casos, a interação com os colegas pesquisadores não se dá somente na reunião semanal de atualização do andamento das investigações, mas ocorre durante todo o trabalho de coleta de dados e mesmo no momento de se redigir e publicar o artigo em alguma revista da área.

Descobertas científicas do século XX, nas mais diversas áreas do conhecimento, foram realizadas, em grande parte, por grupos de pesquisadores que interagiam e colaboravam uns com os outros. No entanto, a partir daquilo que se observa nas universidades e cursos de Antropologia, parece haver poucos experimentos nesse sentido. E, de fato, é possível observar a imensa variedade de experiências de pesquisas cujo compartilhamento com outros profissionais da área se deram somente na publicação de seus resultados ou nos interstícios do trabalho de campo. Percebe-se que, nesta área do conhecimento, privilegiou-se de fato a ação individual.

Mas isso não quer dizer que não tenha havido experiências coletivas significativas no campo da etnografia. Por mais que estejam ocultas por detrás das grandes descrições etnográficas individuais da escola culturalista, as pioneiras incursões a campo coletivas realizadas por Franz Boas e seu grupo de pesquisadores foram, como descrevem Thomas Eriksen e Finn Nielsen (2007), de suma importância para o desenvolvimento e estabelecimento da Antropologia norte-americana:

O trabalho de campo realizado por Boas era em geral uma atividade de grupo, não pressupondo um indivíduo sozinho sujeito a uma "imersão" contínua e prolongada no campo. A permanência no local era quase sempre curta. Normalmente ela era prolongada em outro sentido, porém, ou seja, no sentido de que as idas a campo eram repetidas muitas vezes ao longo dos anos, ocasionalmente envolvendo pessoas diferentes, todas atuando no mesmo projeto. Essa estratégia metodológica talvez fosse perfeitamente natural, visto que, nos Estados Unidos, "o campo" estava próximo e não do outro lado do globo, como na Inglaterra (ERIKSEN; NIELSEN, 2007: 53).

A proximidade dos locais onde eram realizadas as pesquisas de campo aparece aqui como uma variável importante para que essa metodologia fosse adotada pelos antropólogos norte-americanos. Afinal, seus interlocutores de pesquisa eram, em sua maioria, os povos nativos daquele país e continente. Não seriam necessárias, portanto, longas viagens além-mar para que se pudesse entrar em contato com aquelas pessoas, de modo que as estratégias para a realização da etnografia poderiam ser mais variadas, incluindo, assim, expedições e incursões mais curtas e pontuais que mobilizassem mais pesquisadores.

Mas mesmo que essa importante variável não estivesse presente em outros contextos, houve sim experimentos relevantes com etnografia coletiva e compartilhada levados a cabo por outros grupos de estudo. Entre os franceses, por exemplo, havia interesse e dedicação no desenvolvimento dessa modalidade de pesquisa. Cabe assinalar, desde o princípio, o forte estímulo de Marcel Mauss à realização dos trabalhos de campo compartilhados.

Como aponta James Clifford (2002), apesar de ser um antropólogo mais dedicado às análises "de gabinete", Mauss não somente estimulava a pesquisa de campo como também realizava cursos sobre técnicas etnográficas, chegando até mesmo a escrever um manual de etnografia. Neste, o antropólogo francês mostrava especial interesse na realização de pesquisas coletivas, uma vez que a observação individual poderia levar a relatos subjetivos e com menor riqueza de detalhes. Para Mauss, a etnografia tinha de ser um exercício de coleta de informações produzida por profissionais treinados que evitariam divagações e explanações teóricas, concentrados primeiramente na coleta de documentos de variadas fontes, bem como na sua própria documentação dos fatos sociais observados. Por isso, quanto mais observadores, maior seria a riqueza do conteúdo coletado, o que viabilizaria, àquele que se debruçasse sobre todos esses dados, uma visão mais completa e rica do que estava sendo descrito e analisado.

Clifford argumenta que não se pode falar que Mauss tenha fundado um método de etnografia propriamente dito – como teria sido o caso de Malinowski e Boas –, mas defende que foi essa perspectiva a grande inspiradora das chamadas "missões francesas": grandes expedições etnográficas realizadas pelo grupo de pesquisa de um dos alunos de Mauss, Marcel Griaule.

Inspirado nas ideias de seu professor acerca do fazer etnográfico, Griaule organizou, nos anos de 1930 e 1940, longas viagens pelo continente africano[36], atravessando o território de leste a oeste, com "propostas de campo intensivo", em contato principalmente com o povo Dogon em busca de informações, documentos, objetos, imagens, relatos e histórias, inclusive realizando coleta para museus[37]. Sobre essas experiências coletivas, de caráter antropológico, cartográfico e arqueológico, James Clifford afirma: "Mais que apenas explicações ou teorias nativas, estes compêndios extraordinários apresentam-se como coerentes artes de viver, paisagens sociomíticas da fisiologia e da personalidade, redes simbólicas encarnadas numa infinidade de detalhes do dia a dia" (CLIFFORD, 2002: 181-182).

Mas as "missões francesas" também foram alvo de críticas, pois, para além da conotação colonial, as pesquisas desenvolvidas neste contexto caracterizam-se como atividades de muita intensidade e curta duração. Por isso, alguns mandamentos básicos da pesquisa de campo malinowskiana – que poderiam ser sintetizados na importância de o pesquisador se estabelecer por um longo período com um povo, aprendendo a língua nativa para poder observar cada detalhe da vida cotidiana e conversar com vários informantes diferentes – não puderam se realizar. Mesmo que houvesse uma rica coleta de dados sobre a região, bem como de objetos para museus, o grupo de etnógrafos de

---

36. O etnógrafo e seu grupo estiveram no Sudão, na Etiópia, em Camarões, no Chade e em outros países da África colonizada pelos franceses, identificando três territórios culturais na África Subsaariana: "o Sudão Ocidental, a África Bantu e uma zona intermediária nos Camarões e no Chade".
37. As expedições contavam com patrocínio de instituições francesas e americanas, entre elas a Fundação Rockfeller.

Griaule tinha sempre de lançar mão de tradutores e de poucos informantes interessados em repassar seu conhecimento, o que, segundo pesquisadores africanos, os fizeram "essencializar padrões culturais tradicionais e reprimir o papel da invenção individual na elaboração dos mitos dogon" (HOUNTONDJI, 1975, apud CLIFFORD, 2002: 183).

Dessa forma, pouca voz teria sido dada "ao lado 'indígena' da história", levando à constatação de que "nosso conhecimento sobre as influências dogon no processo etnográfico permanece fragmentário" (CLIFFORD, 2002: 184). Conhecido pelas críticas às modernas etnografias, James Clifford adota contudo uma postura mais amena com Griaule e seus parceiros, reconhecendo que, apesar de tudo, seus textos não deixam de revelar "uma verdade dogon, uma verdade complexa, negociada e historicamente contingente, específica de certas relações de produção textual" (2002: 185).

No entanto, no que se refere aos objetivos deste livro, o que mais importa é observar que tenha havido, em meados do século XX, uma experiência tão significativa de etnografia coletiva e compartilhada. E mais: que essa experiência tenha sido sistematizada de modo a indicar um estilo específico de realização de pesquisa etnográfica. Para Griaule, a principal potência da etnografia coletiva estava no fato de que, através de muitos olhares, seria possível captar uma versão mais ampla da totalidade observada, algo que, no caso do etnógrafo clássico – o observador solitário –, acabaria tomando um caráter por demais impressionista e limitado – principalmente quando o objeto de observação era um ritual de grandes proporções, com muitos participantes, com muitos eventos ocorrendo simultaneamente[38].

O trabalho em equipe para os antropólogos das missões francesas teria como objetivo, a partir da variedade de etnógrafos treinados e reunidos tal qual "uma unidade tática de pesquisa", não somente compreender a pluralidade de discursos e experiências envolvidos nos rituais retratados, como também descortinar as verdades implícitas naquelas manifestações culturais, inclusive captando "mentiras" e "dissimulações". E são essas características que diferenciam – e muito – a etnografia realizada por Griaule daquelas que serão abordadas nos próximos capítulos.

---

38. Sobre o processo de pesquisa coletiva, James Clifford (2002: 198) reconstitui suas etapas: "Griaule afirma que a única forma de documentar adequadamente tal evento era fazer uso de uma equipe de observadores. Ele oferece, caracteristicamente, um mapa do local da *performance* e um conjunto de táticas para a sua cobertura – procedendo mais à maneira de uma moderna equipe de televisão cobrindo uma convenção política americana. O observador número um ficará posicionado no alto de uma elevação, não muito longe do centro da aldeia, com a tarefa de fotografar e anotar os movimentos de larga escala do ritual; o observador número dois está entre as mulheres menstruadas num canto; o número três se insere em meio ao grupo de jovens que carregam as tochas; o número quatro observa o grupo de músicas; o número cinco está no alto do telhado, 'encarregado de vigiar os bastidores com seus milhares de indiscrições, e indo frequentemente, juntamente com o observador número seis, à casa do morto em busca das últimas novidades'. O número sete observa as reações das mulheres e das crianças às danças com máscaras e aos combates rituais que acontecem no palco central. Todos os observadores anotam os horários exatos de suas observações, de forma que um retrato sintético do ritual possa ser construído". Após o evento, então, a equipe de etnógrafos deveria se lançar à tentativa de cobrir todas as "lacunas" que não teriam sido observadas, conversando e entrevistando com as "testemunhas" do evento para conseguir reconstruir o rito em todos os seus detalhes, elaborando algo que seria compreendido como um "tipo ideal" daquela cerimônia.

As experiências de etnografia coletiva e compartilhada que serão aqui apresentadas não buscam uma coleta de dados supostamente objetivos da realidade ou a descrição de uma verdade inconteste, aproximando-se assim das propostas de uma antropologia contemporânea, que entende a etnografia como algo da ordem da experiência, do contato, da interpretação. Antes de tratar deste assunto de forma mais detalhada, no entanto, é importante apresentar alguns antecedentes que, de certa forma, abriram caminho e inspiraram novos experimentos etnográficos.

Pesquisas coletivas pelo Brasil

No Brasil, diversas expedições etnográficas foram realizadas desde o fim do século XIX, quando o objetivo principal era coletar materiais a serem catalogados e exibidos em universidades e museus, como as viagens de etnólogos alemães entre 1884 e 1928 para estudar os povos indígenas em territórios brasileiros (PETSCHELIES, 2019). Tais iniciativas, que contribuíram de algum modo para o início da disciplina no país, institucionalizaram-se ao longo da primeira metade do século XX. Dentre elas, os estudos de comunidade, conforme já assinalados no capítulo 2, foram realizados entre as décadas de 1940 e 1960 por docentes e estudantes ligados à Escola Livre de Sociologia e Política (ELSP) e à Faculdade de Ciências e Letras da Universidade de São Paulo (USP), sob a orientação de professores e pesquisadores estrangeiros vinculados a duas importantes e tradicionais escolas de sociologia dos Estados Unidos: Escola de Chicago e Universidade de Colúmbia.

Nesse período, dois projetos de pesquisa coletiva ganharam destaque: o "Projeto do Vale do São Francisco", e o "Projeto Columbia University – Estado da Bahia", coordenados respectivamente por Donald Pierson e Charles Wagley. A despeito de suas singularidades, as duas iniciativas são reconhecidas pela ênfase objetiva e empírica, com base em observação, entrevistas e descrições minuciosas sobre a constituição da vida social e da cultura tradicional de comunidades do interior. Fazendo frente, deste modo, ao incipiente processo de mudança na estrutura econômica e sociocultural nacional decorrente da modernização e industrialização do país e contrastando, assim, com um cenário intelectual então dominado pelas produções de caráter ensaístico dos que ainda são chamados de "intérpretes do Brasil"[39]. As duas pesquisas coletivas de caráter etnográfico foram realizadas em diversos estados brasileiros (Bahia, Minas Gerais, Pernambuco e Alagoas), com equipes compostas de pesquisadoras e pesquisadores norte-americanos, bem como por jovens professores e estudantes de instituições de ensino brasileiras, como descreve o próprio Donald Pierson:

> [...] ao invés de jovens pesquisadores receberem diretamente minha orientação e supervisão, eles pesquisavam, como membros de turmas de pesquisadores, cada turma sob a supervisão de um jovem pesquisador já mais preparado e experien-

---

39. Entre eles: Gilberto Freyre, Sérgio Buarque de Holanda e Caio Prado Júnior.

te, incluindo "assistentes" e jovens professores, e todos sob a minha orientação e supervisão gerais (PIERSON, apud CORRÊA, 1987: 46).

Assim, contribuindo para a formação teórica e empírica das primeiras gerações de cientistas sociais nos cursos de graduação e pós-graduação do país, inclusive com treinamentos em investigações de campo, os estudos de comunidade foram decisivos na história das Ciências Sociais – e especificamente da Antropologia – no Brasil, inclusive dentro do processo de institucionalização universitária da disciplina. Também foram fundamentais para a formação de uma especialização acadêmica, a Antropologia Urbana, a partir da década de 1960, principalmente a partir das pesquisas e orientações das antropólogas Eunice Durham e Ruth Cardoso.

A atuação dessas duas professoras e pesquisadoras foi importante para o fortalecimento de uma antropologia dedicada a novos enfoques, investigações e reflexões teórico-metodológicas no contexto urbano ao trazer para o centro do debate o que estava, em termos acadêmicos, invisibilizado naqueles tempos autoritários e desenvolvimentistas: migrações, movimentos sociais urbanos e periféricos, tempo livre e modos de vida das classes populares. Temáticas emergentes nas periferias de contextos urbanos que se expandiram em termos espaciais e demográficos em um momento de renovação de paradigmas e perspectivas no cenário institucional e acadêmico. Também mais adiante, a partir da década de 1970, houve importantes transformações na conjuntura política das grandes cidades brasileiras, em que diversos atores sociais passaram a ser encarados como importantes sujeitos políticos, caso das lutas reivindicatórias de mulheres nos espaços cotidianos dos bairros periféricos por melhorias na infraestrutura urbana.

Nessa direção ocorreu um aumento na demanda pelo conhecimento antropológico por parte de outras instâncias da sociedade – para além dos muros da universidade –, possibilitando novos experimentos metodológicos e formatos de pesquisa que rompiam com o modelo predominante, no ambiente acadêmico do trabalho individual. Nesse contexto foram desenvolvidos alguns projetos coletivos que envolveram membros do então Núcleo de Antropologia Urbana e trouxeram novas possibilidades à prática etnográfica – inspirando, posteriormente, atividades que foram realizadas no núcleo de pesquisa.

Um primeiro antecedente, em São Paulo, das pesquisas de caráter coletivo foi a "Expedição São Paulo: refazendo os antigos caminhos de São Paulo", de 1985, coordenada pelo arquiteto Júlio Abe e contando com a participação de um dos autores deste livro e coordenador do LabNAU, José Guilherme Cantor Magnani. A caminhada de uma semana, foi realizada por diversos profissionais – arquitetos, historiadores, ambientalistas, urbanistas, antropólogos – seguiu os mesmos trajetos dos viajantes do século XIX, comparando as imagens do "vazio oitocentista" registradas em fotos com a complexa e intensa trama urbana da mesma cidade cem anos depois. Apesar de não poder ser classificada como uma etnografia, a expedição, financiada pelo jornal *O Estado de S. Paulo*, trouxe primeiras pistas sobre a potência das caminhadas coletivas e seus desafios.

Essa experiência serviu também de inspiração, quase vinte anos depois, para o projeto Expedição São Paulo – 450 anos: uma viagem por dentro da metrópole[40], realizado por ocasião do aniversário da cidade, em 2004, e que deveria subsidiar a constituição do Museu da Cidade de São Paulo. Coordenada por José Guilherme Cantor Magnani, Julio Abe Wakahara, Jupira Cauhy (Instituto de Políticas Públicas Florestan Fernandes), Maria Cristina Oliveira Bruno (Secretaria Municipal da Cultura) e por Maria Ignez Mantovani Franco (Expomus – Exposições, Museus, Projetos Culturais), a expedição reuniu trinta profissionais de diversas áreas – ciências sociais, história, arquitetura, artes, educação, etnomusicologia, museologia e arqueologia, psiquiatria – que, divididos em duas equipes, percorreram a capital paulista ao longo dos eixos norte/sul e leste/oeste, com o objetivo de entrar em contato com "a diversidade das formas de sociabilidade e lazer, da religiosidade, dos sistemas populares de troca, da funcionalidade de sistemas complexos como o metrô etc. constitutivos e suporte dos muitos modos de vida dos moradores de uma cidade então com cerca de 12 milhões de habitantes" (MAGNANI, 2013: 9).

---

40. A pesquisa foi realizada com financiamento da Petrobras, patrocínio do Grupo Estado, apoio logístico da Secretaria Municipal de Cultura e do Instituto Florestan Fernandes.

Do centro às periferias mais distantes, os pesquisadores dialogaram com os mais diversos interlocutores e atores sociais que circulavam e habitavam a metrópole e, a partir de uma perspectiva *de perto e de dentro* (expressão que ainda não tinha sido formulada), entraram em contato com a heterogeneidade e complexidade dos arranjos criados por esses moradores e com as regularidades que permeiam o cotidiano urbano. Esse olhar atento para as narrativas, práticas, tensões e negociações presentes no ambiente citadino, permitiu ainda romper com a ideia da cidade enquanto espaço unicamente do "caos", violência, desorganização, e destacar criativas e surpreendentes relações sociais ali estabelecidas e os diversos tipos de sociabilidade e modos de vida.

A expedição ainda mobilizou uma equipe de estudantes – muitos deles do Núcleo de Antropologia Urbana – encarregados de coletar os dados encontrados e produzidos para integrar o acervo do futuro Museu da Cidade, que acabou não se consolidando por questões políticas. Assim como a primeira expedição, este exercício também não tinha a pretensão de ser uma pesquisa etnográfica no sentido técnico do termo, nem tampouco objetivava fazer um registro exaustivo daquela paisagem. Contudo, essa experiência pode ser considerada como um dos principais antecedentes das etnografias de caráter coletivo que posteriormente foram desenvolvidas no âmbito do NAU.

Expedição São Paulo 450 anos – Região periférica da metrópole
Registro em 2004
Autoria de José Guilherme C. Magnani

Além das expedições, outras duas pesquisas ligadas a questões do patrimônio também foram importantes na trajetória de construção da estratégia de etnografia coletiva: o projeto "Santana de Parnaíba: memória e cotidiano" e o processo de tombamento do Parque do Povo.

A primeira delas, realizada por uma equipe de quatro antropólogos, coordenada por Magnani[41], prestava uma consultoria para o Condephaat (Conselho de Defesa do Patrimônio Histórico, Artístico, Arqueológico e Turístico do Estado de São Paulo) em 1984 e tinha por objetivo diagnosticar as dinâmicas vivenciadas na cidade de Santana do Parnaíba (SP), que tem parte de seus bens arquitetônicos sob proteção de tombamento em nível estadual e federal. Naquele momento, as transformações vivenciadas pela pequena cidade da região metropolitana de São Paulo aprofundaram os contrastes e alteraram as dinâmicas e modos de vida de seus moradores: as edificações da antiga vila colonial, constituída em meados do século XVII, assim como os habitantes mais antigos, disputavam espaço com a instalação de indústrias, o acentuamento da especulação imobiliária, a construção de casas de veraneio e a chegada de novos moradores.

Este cenário era marcado por tensões e conflitos, inclusive com os técnicos do Condephaat, oferecendo dificuldades para a fiscalização e implementação de algumas medidas previstas pelas políticas de preservação. Nesse

---

41. Além de José Guilherme Magnani, a equipe contava com: Naira I.M. Morgado, Carmen Lúcia M.V. de Oliveira, Celina Kuniyosh. Cf. Magnani, 2007 [Disponível em https://www.nau.fflch.usp.br/textos].

sentido, a pesquisa tinha como propósito oferecer subsídios para as ações daquela instituição, a partir do levantamento e interpretação das representações dos moradores acerca de suas tradições, sua cidade e da própria ação ali desenvolvida pelos órgãos de preservação[42].

Já o estudo que amparou o processo de tombamento do Parque do Povo foi elaborado em 1994 por uma equipe multidisciplinar, formada por antropólogos, sociólogos, historiadores, geógrafos e biólogos, dentre eles três membros do NAU[43]. Localizado no bairro paulistano Itaim-Bibi, de classe média, o Parque do Povo – além de representar a manutenção de uma importante área verde da cidade – foi tombado principalmente por conta das práticas culturais que ocorriam em seu espaço, em especial, o futebol de várzea: o campo era um dos poucos remanescentes dessa prática nos meandros do Rio Pinheiros, antes da retificação. Nesse processo, a equipe de antropólogos dedicou-se

---

42. A pesquisa ocorreu em três etapas: uma fase inicial, exploratória, na qual foram realizadas entrevistas com alguns moradores e uma investigação primeira sobre as diversas opiniões, interesses e valores acerca da cidade e do patrimônio cultural; em seguida, a organização dos primeiros dados numa grade classificatória, agrupando os entrevistados em segmentos, segundo recortes e categorias que eles mesmos utilizavam: os "de dentro" e os "de fora"; e, finalmente, a fase de observação de campo mais intensiva, que se concentrou nas festividades, momento privilegiado para aprofundar questões levantadas nas etapas anteriores.

43. Além da coordenação científica geral dos trabalhos permanecer a cargo do antropólogo José Guilherme Cantor Magnani, a equipe contou com a participação de Luiz Henrique de Toledo e Yara Schreiber. O estudo apresentou artigos especialmente elaborados para a finalidade: na área da Antropologia, de autoria da Professora-doutora Maria Lúcia Montes, e na área da História, do Professor-doutor José Sebastião Witter. Cf. Magnani e Morgado (1996) [Disponível em https://www.nau.fflch.usp.br/textos].

a identificar os frequentadores, seus comportamentos e os vínculos de sociabilidade que estabeleciam dentro do espaço do parque. Contudo, algum tempo depois, por mobilizações dos vizinhos incomodados com o estilo "periferia" dos frequentadores, o parque foi "requalificado" e o principal mote do tombamento foi descaracterizado com o desaparecimento dos clubes que o frequentavam e da própria prática no campo de terra.

Vale ressaltar que em ambas as pesquisas de patrimônio o caráter coletivo das etnografias quase não é ressaltado nos relatórios e tampouco nos artigos que se referem a elas, evidenciando que, apesar das experimentações e novas estratégias de pesquisa, ainda havia pouca reflexão acerca dessa metodologia e seus desafios.

Núcleo de Antropologia Urbana

Como já pontuado anteriormente, mesmo sendo realizadas fora do contexto acadêmico, tais experiências de pesquisa contaram com a participação ativa de membros do então Núcleo de Antropologia Urbana – posteriormente registrado na USP como Laboratório do Núcleo de Antropologia Urbana – LabNAU. Na verdade, a dimensão coletiva do fazer etnográfico, assim como as trocas entre pesquisadores promovidas nas discussões de projetos e pesquisas, ganharam espaço dentro do núcleo desde seu início.

> Inicialmente, quando foi formado, em 1988, o NAU era composto apenas por orientandos meus de pós-graduação (Programa de Pós-Graduação em Antropologia Social, Departamento

de Antropologia, FFLCH/USP) e o que se propunha era estabelecer um espaço de debates que permitisse transcender o caráter demasiadamente individualizado e solitário da atividade de pesquisa com vistas à dissertação ou tese. Tendo em vista, porém, o interesse cada vez maior que a área da Antropologia Urbana vinha despertando entre alunos de graduação, convidei alguns dos estudantes que haviam cursado as disciplinas "A pesquisa antropológica no contexto urbano" e "Seminários em Antropologia I". A experiência de colocar em torno da mesma mesa alunos com objetos de estudo variados e, principalmente, em diferentes etapas de pesquisa, revelou-se sumamente enriquecedora: estabeleceu-se um "sistema de trocas" com base na "reciprocidade", cujos frutos transcendiam a esfera da discussão acadêmica: a inevitável insegurança que acompanha os primeiros passos da pesquisa passava a ser minimizada tendo-se em vista o caminho já percorrido dos colegas em fases mais adiantadas (MAGNANI, 1996).

A dedicação ao estudo das práticas culturais e formas de sociabilidade na metrópole, caracterizada por sua extensão e diversidade, possibilitou explorar novas estratégias de pesquisa que se distanciaram, em maior ou menor grau, do modelo de etnografia solitária comumente realizada no meio acadêmico. Esses experimentos envolviam desde experiências pontuais de incursões e caminhadas coletivas até projetos de maior complexidade que envolviam um grupo de pesquisadores em campo compartilhando olhares e relatos e, posteriormente, a análise e a escrita.

Nos primórdios do Núcleo – apenas um ano após sua fundação –, o projeto Os pedaços da cidade[44] já apresentava a inovação de ser uma atividade coletiva. Realizado por um grupo de 19 pesquisadores, o projeto contou com idas em grupos a campo, bem como discussões coletivas posteriores, com o intuito de testar se a categoria *pedaço*, descoberta na periferia, também era aplicável à região central da cidade. A questão que se colocava era como se estabeleciam as redes de sociabilidade nesse contexto marcado, à primeira vista, pelo anonimato e impessoalidade, e no qual não estavam presentes as relações de vizinhança na dinâmica dos bairros periféricos.

A equipe de pesquisadores foi a campo com seus olhares voltados para as práticas de lazer desenvolvidas no centro da cidade, bem como para os vínculos estabelecidos a partir dessas práticas e as formas de relação com o espaço e equipamentos urbanos. Divididos em grupos, os pesquisadores percorreram, em um primeiro momento, diferentes roteiros, identificando e reconhecendo pontos de referência de equipamentos e práticas de entretenimento, buscando traçar, assim, um primeiro mapeamento que levasse em

---

44. Pesquisa realizada entre 1989 e 1990 na cidade de São Paulo, com apoio do CNPq e a participação dos integrantes do Núcleo de Antropologia Urbana, tanto na fase de coleta de dados como nas discussões que se seguiram às idas a campo. Em diferentes momentos e com graus de envolvimento também diferentes, dela participaram: Heitor Frúgoli, Vagner Gonçalves da Silva, Rita de Cássia Amaral, Alexandre Barbosa Pereira, Lilian de Lucca Torres, Heloísa Buarque de Almeida, Luiz Henrique Toledo, Liliana Souza e Silva, Daysi Perelmutter, Yara Schereiber, Letícia Vidor, Yara Cunha Oliva, Alexandre Leone, Wilson Rizzo, Domingos Leôncio da Silva, Elena Grosbaum, Daniel Annemberg, André Luiz de Alcântara, James de Abreu.

conta as fronteiras e pontos de ligação com outras áreas. A partir desse quadro geral das principais *manchas* de lazer, fez-se uma primeira descrição de seus "cenários, atores e regras" e, posteriormente, foram selecionadas apenas duas *manchas* – a do Bexiga e a da esquina da Avenida Paulista com a Rua da Consolação – para a realização de uma observação mais sistemática. Ao final, a categoria *pedaço* não somente se mostrou aplicável àquele contexto como ganhou novos contornos, assim como novas categorias – *mancha, trajeto, circuito* e *pórtico* – que se consolidaram a partir da necessidade de explicar as dinâmicas presentes na região central.

A partir daí, o LabNAU desenvolveu uma série de projetos em torno de algumas linhas de pesquisa que agregaram pesquisadores, não necessariamente em formato coletivo, mas propondo espaços de troca, que transcendiam a lógica individualizante, predominante no ambiente acadêmico. Dessa forma, ao longo de sua trajetória o núcleo abrigou grupos de pesquisa com temáticas diversas: estudo das cidades e das práticas culturais; juventudes; religiosidades urbanas; migrações; etnologia urbana; ciberespaço; museus; cemitérios; corpo e cidade, entre outros.

Dentre essas experiências, destacam-se aqui alguns projetos desenvolvidos no núcleo que, de formas diferentes, também apresentavam estratégias coletivas de pesquisa. Na primeira década dos anos de 2000, o grupo temático *NAU Jovem* realizou uma série de etnografias sobre comportamentos e práticas de jovens na cidade de São Paulo, com foco em sua inserção na paisagem urbana. Apesar de serem etnografias em sua maioria individuais, a visão compartilhada e as trocas entre os pesquisadores resultaram na publicação da coletânea *Jovens na metrópole: uma análise antropológica dos circuitos de lazer, encontro e sociabilidade* (2007). Também nesse período, outro grupo se dedicou – a convite de linguistas e historiadores da USP – ao estudo da comunidade surda de São Paulo e de sua rede de sociabilidade, já mencionado no capítulo 3. Nesse caso, embora os pesquisadores também desenvolvessem projetos individuais, em alguns momentos realizaram idas a campo coletivas, além de compartilharem momentos de discussão e troca.

Além de projetos maiores, também ocorreram, por iniciativa de membros do núcleo, experiências coletivas pontuais para acompanhar eventos e situações do cotidiano da metrópole. Esses exercícios tinham o formato de incursões coletivas de caráter exploratório, sem pretensão de se fazer uma descrição exaustiva, que se encerravam de forma breve com o compartilhamento de relatos, geralmente publicados na revista eletrônica do LabNAU, a *Ponto.Urbe*. É o caso das incursões realizadas na Virada Cultural – evento que ocorre anualmente na região central de São Paulo, que tem suas ruas como palco de diversas atrações culturais durante um final de semana –, na qual um grupo de pesquisadores percorria as diferentes atividades, observando a participação do público, a ocupação e os usos dos espaços.

Outro exemplo emblemático são as incursões etnográficas aos cemitérios da capital paulistana no Dia de Finados, promovidas inicialmente na disciplina Práticas Culturais em Contexto Urbano, no curso de Ciências Sociais da FFLCH. Tais incursões, que ocorriam de forma pontual uma vez por ano, inspiraram, no ano de 2018, a criação de um novo grupo de pesquisa dentro do LabNAU, com oito pesquisadores dedicados a etnografias do *circuito* de cemitérios de São Paulo e participação de pesquisadores em Moçambique e Chicago[45].

Os experimentos e estratégias de pesquisa coletiva foram sendo desenvolvidos ao longo de toda a trajetória do LabNAU. Contudo, foi a partir de duas experiências emblemáticas que o modelo de etnografia coletiva passou a ter uma fundamentação e contornos mais definidos: a etnografia da ocupação da reitoria da Universidade de São Paulo e os estudos desenvolvidos pelo Grupo de Etnologia Urbana.

EtnOcupação

Um exercício de caráter didático realizado em 2007 exigiu novas estratégias para a realização de experiências etnográficas coletivas no âmbito do Núcleo de Antropologia Urbana: de forma exploratória, mas sistematizada, um grupo de estudantes debruçou-se sobre um mesmo objeto de pesquisa – a ocupação da reitoria da USP – compartilhando o trabalho de campo ao longo de quase dois meses e, posteriormente, a análise e a escrita de um relatório.

---

45. O grupo desenvolve o projeto "Cemitério também é cidade: uma análise antropológica dos espaços cemiteriais urbanos (em tempos de pandemia)" com financiamento do CNPq.

Em maio daquele ano, a reitoria da Universidade de São Paulo (USP) foi ocupada por um grupo de cerca de duzentos estudantes, em reação à ausência do vice-reitor em uma audiência marcada com representantes do movimento estudantil para discutir a criação de uma nova Secretaria do Ensino Superior[46]. Naquele momento, as tensões entre estudantes e universidade já estavam no ápice. Desde a publicação desses decretos, estudantes, funcionários e professores passaram a se mobilizar para discuti-los e combatê-los, articulando uma greve de grandes proporções. As entidades e os representantes dessas categorias argumentavam que os decretos feriam a autonomia universitária por dar à nova secretaria poderes de regulamentar diretrizes de pesquisa e atribuições orçamentárias.

A ausência do vice-reitor à audiência marcada pela entidade representativa dos estudantes da USP foi compreendida como desinteresse da administração da universidade em debater as questões prementes no momento e tornou-se o ponto culminante nessa relação de insatisfação crescente. Como resposta, os alunos deslocaram-se da Faculdade de Filosofia, Letras e Ciências Humanas (FFLCH) para o prédio da administração central da universidade e, ao serem barrados na entrada, forçaram as portas do local: entoando gritos de ordem, entraram nas salas e salões do prédio, anunciando que, a partir daquele momento, aquela era uma ocupação política.

---

46. A nova secretaria seria responsável por estabelecer diretrizes para as atividades de pesquisa das três universidades estaduais paulistas (USP, Unicamp e Unesp), bem como por ditar normas para a administração orçamentária delas.

A ocupação do prédio da reitoria, inicialmente justificada como resposta pontual à falta de diálogo da universidade, transformou-se, na visão dos estudantes, em um centro de luta e resistência. O local permaneceu ocupado por 51 dias, período marcado por intensa mobilização, tensões e negociações e transformou-se em exemplo, inspirando ocupações de reitorias de universidades públicas por todo o Brasil, estendendo a mobilização de São Paulo também para outros estados.

Atentos a todo esse processo estavam os alunos do primeiro ano da faculdade de Ciências Sociais da USP, que haviam acompanhado desde seus primeiros dias na universidade os debates em torno da autonomia universitária. Quando, já com a ocupação iniciada, teve início a greve estudantil, o Professor José Guilherme Cantor Magnani, da matéria de Antropologia I, propôs que fosse realizada uma "etnografia da ocupação", atividade didática mas sem se opor à greve – e, portanto, legítima naquela situação. Munidos de seus cadernos de campo e com pouco conhecimento teórico adquirido em dois meses de aula – pois ainda não haviam lido os clássicos da Antropologia – cerca de quarenta alunos de primeiro ano se dirigiram ao prédio da reitoria ocupada com o intuito de observar, como havia indicado o professor, aquele "cenário", seus "atores" e as novas "regras" ali atuantes.

O grupo de estudantes vivenciou todo aquele processo político *de perto e de dentro* observando os acontecimentos, participando da rotina da ocupação, conversando com pessoas dos mais diversos grupos políticos, realizando entrevistas, tirando fotografias e acompanhando também as repercussões e discussões contrárias à ocupação. Diferentemente do modelo tradicional, tratava-se agora de um trabalho de campo intensivo realizado por uma equipe e não por um pesquisador individual. Combinando diversos olhares, os pesquisadores entraram em contato com os atores sociais, as dinâmicas e regras da ocupação e, ao longo desse processo, compartilharam suas percepções e observações realizadas em campo.

Em conclusão, nove dos pesquisadores se dedicaram à produção de um relatório de pesquisa, entregue no fim do ano seguinte. Nesse primeiro exercício de escrita, foi realizada uma descrição detalhada de vários aspectos da vida dos ocupantes. Observou-se como ajustavam seus hábitos cotidianos para a vida coletiva naquele local; de que modo lidavam com os discursos sobre violência que davam sentido ao que ocorria ali; como se organizavam internamente em comissões (limpeza, alimentação, uso dos espaços para o pernoite) e assembleias; como era a dinâmica de alianças e conflitos entre os vários grupos políticos ali presentes; de que forma se expressavam por meio da significação daquele espaço a partir de intervenções artísticas; como a mobilização era representada por agentes externos a ela e como influenciava o debate público sobre seus objetivos e seus métodos. A ocupação ainda era tida como espaço privilegiado de se pensar e colocar em prática novas formas de se organizar, relacionar-se, produzir e significar – criando assim hábitos e uma transformação em suas rotinas[47].

Grupo de Etnologia Urbana

Em fins de 2008 o Núcleo de Antropologia Urbana foi convidado para fazer parte de um Programa Nacional de Cooperação Acadêmica (Procad) junto à Universidade Federal do Amazonas (UFAM). O projeto chamava-se *Paisagens ameríndias – Habilidade, mobilidade e socialidade nos rios e cidades da Amazônia* e era coordenado pela Professora-doutora Marta Amoroso (USP) e pelo Professor-doutor Gilton Mendes (UFAM). O objetivo principal solicitado aos antropólogos urbanos nessa pesquisa era identificar coletivos indígenas estabelecidos em Manaus, capital do Estado do Amazonas, e buscar compreender como se dava a relação entre esses povos ditos "tradicionais" e o ambiente urbano "moderno". Seria possível, a partir das categorias da Antropologia Urbana – o *pedaço, o circuito, a mancha* –, compreender os modos pelos quais tais atores se apropriavam da cidade?

Iniciou-se, assim, uma sequência de idas a campo de pesquisadores do LabNAU ao norte do Brasil. Primeiro em um grupo reduzido de três pesquisadores, mas logo em coletivos mais amplos, que chegaram a agregar cerca de dez etnógrafos. Os antropólogos urbanos – a maioria ainda na

---

47. Um *insight* registrado por uma das autoras deste livro, então estudante de Ciências Sociais, Mariana Hangai, é ilustrativo: ao entrevistar um participante na fila da refeição e notar que os pratos, poucos, eram passados de um para outro, sem lavar, obteve a seguinte resposta: "A mesma comida não suja"! Digno de Mary Douglas em *Pureza e perigo* ([1966] 1976).

graduação – foram durante os quatro anos seguintes a Manaus para desenvolver a pesquisa no âmbito desse Procad e as idas a campo, no começo intermitentes, mas logo se tornaram contínuas, principalmente quando, agora na pós-graduação, alguns pesquisadores deste grupo desenvolveram trabalhos que exigiram a estada na capital amazonense por mais tempo.

Logo na primeira expedição etnográfica realizada foi estabelecido contato com um coletivo indígena Sateré-Mawé que ocupava um território no Bairro da Redenção, localizado na região periférica daquela metrópole. O *tuxaua* da comunidade Y´apyrehyt chamava-se Moisés Sateré e acolheu os pesquisadores, levando-os inclusive a outras comunidades Sateré-Mawé domiciliadas nas áreas urbana e rural de Manaus, e até mesmo em outras cidades próximas. Constatou-se que todas aquelas pessoas eram conectadas por laços de parentesco, uma vez que eram filhos e netos de Dona Teresa, matriarca que saíra da Terra Indígena Andirá-Maraú para Manaus ainda nos anos de 1970. Dona Teresa e suas filhas se deslocaram por Manaus estabelecendo-se nos arredores da cidade durante décadas, consolidando novos vínculos familiares e, em consequência, construindo novas aldeias.

A partir da convivência com esses grupos indígenas foi possível perceber que havia intensa circulação de pessoas e objetos por todas essas comunidades em meio a importantes rituais, como o da Tucandeira (ritual de iniciação masculina no qual os meninos dançam com as mãos inseridas em luvas cheias de formigas), realizado em diferentes datas nas diferentes aldeias tanto na terra indígena como em ambientes urbanos ou por conta de ações mais cotidianas, como a confecção de artesanato. O futebol também aparecia, ali, como um importante motivador para a circulação dos Sateré pela cidade, fosse pelos jogos diários nos campos de terra próximos às comunidades, ou pela participação em campeonatos locais que podiam agregar indígenas de diversas etnias. Logo foi possível perceber que a circulação de humanos e não humanos (as formigas) pelas redes Sateré de Manaus e arredores extrapolava a capital amazonense e se espraiava por outras cidades mais distantes também ocupadas por indígenas Sateré-Mawé, como Parintins, chegando até mesmo à terra indígena.

A equipe do LabNAU formada para desenvolver os trabalhos no âmbito do Procad, *Paisagens ameríndias* denominou-se Grupo de Etnologia Urbana; por ele passaram diversos pesquisadores, tanto de iniciação científica quanto de mestrado e doutorado[48]. Em 2012, o GEU foi convi-

---

48. A partir desse Procad e também do Pronex citado a seguir foram desenvolvidas quatro dissertações de mestrado e duas teses de doutorado no Programa de Pós-Graduação em Antropologia Social da USP: *Indigenização da cidade: Etnografia dos circuitos Sateré-Mawé em Manaus-AM e arredores* (ANDRADE, 2012). • *A cidade do futebol: Etnografia sobre a prática futebolística na metrópole manauara* (CHIQUETTO, 2014). • *Rio a fora, cidade a dentro: transporte fluvial e modos de viver no Amazonas* (TAMBUCCI, 2014). • *Seguindo sementes: circuitos e trajetos do artesanato Sateré-Mawé entre cidade e aldeia* (MAURO, 2015). • *"Tudo pra onde eu chego tenho minha casa" – Mobilidade, parentesco e territorialidade Sateré-Mawé entre cidades amazônicas* (ANDRADE, 2018). • *Conexões da interculturalidade: cidades, educação, política e festas entre Sateré-Mawé do Baixo Amazonas* (FIORI, 2018). Também foram publicados dois capítulos no livro *Paisagens ameríndias: lugares, circuitos e modos de vida na Amazônia* (AMOROSO; MENDES, 2013).

dado a desenvolver outro trabalho, que demandaria uma reflexão ainda mais profunda sobre o método etnográfico.

O convite veio do geógrafo José Aldemir de Oliveira, coordenador do Núcleo de Estudos e Pesquisa das Cidades da Amazônia Brasileira (Nepecab/UFAM) e propunha uma parceria entre antropólogos e geógrafos para a realização de um estudo sobre as cidades médias ao longo da calha do Rio Solimões[49]. Assim, os membros do Grupo de Etnologia Urbana, nos anos seguintes, visitaram seis cidades amazônicas (Manacapuru, Tefé, Parintins, Maués, Itacoatiara e Tabatinga), com o objetivo de desenvolver pesquisas etnográficas em curto prazo (de uma semana a um mês) e coletivamente.

Área urbana na orla do Rio Solimões
Registro em 2013
Autoria de Rodrigo Chiquetto

---

49. Este projeto era financiado pelo CNPq por meio do Programa de Apoio a Núcleos de Excelência (Pronex).

Foi na primeira cidade visitada, Manacapuru, que se iniciou o processo de elaboração de um protocolo de pesquisa que pudesse ser replicado em outras experiências similares. A princípio, grupos que agregavam alguns antropólogos e geógrafos foram montados e tiveram como tarefa realizar intensas caminhadas etnográficas pela cidade, atentos já à conhecida tríade: *cenário, atores e regras*. Este conjunto de caminhadas e de outras incursões etnográficas a eventos como festas e rituais (e também a outros locais, como as casas de moradores da cidade interessados em receber visitas, feiras, portos, igrejas, campos de futebol e até mesmo lixões a céu aberto) logo foi nomeado de expedição etnográfica. Para cada cidade foi realizada uma expedição, que podia contar com maior ou menor participação dos geógrafos, mas que sempre incluía um coletivo de antropólogos cujo olhar já se focava em certos temas preestabelecidos.

Casas de palafita em área alagável na cidade de Tefé, AM
Registro em 2014
Autoria de Rodrigo Chiquetto

Caderno de campo em pequeno mercado flutuante da região amazônica
Registro em 2013
Autoria de José Guilherme C. Magnani

A identificação de eixos de observação, aliás, foi um importante passo para que esse método de pesquisa coletiva mostrasse resultados. Já na segunda cidade visitada, Tefé, foram seguidos cinco eixos pelo grupo de antropólogos: 1) Habitação e padrões de moradia; 2) Transporte e deslocamentos; 3) Formas de religiosidade; 4) Lazer e cultura popular; 5) Mercados e relações comerciais. Estes eixos eram oriundos da realização da expedição na primeira cidade – ou, pode-se dizer, da experiência "piloto" – e objetivavam agregar os principais temas que cruzavam tanto os interesses dos pesquisadores quanto tudo aquilo que fora observado nas primeiras caminhadas e incursões etnográficas realizadas em Manacapuru.

A partir da identificação destes eixos foi possível organizar a expedição a Tefé, de modo que, após as primeiras caminhadas, já atentos a esses aspectos, diferentes pesquisadores pudessem enfocar seu trabalho etnográfico nos diferentes temas propostos. Dessa forma, tornou-se possível não só o cruzamento e a comparação dos dados coletados na mesma cidade, como também o cotejamento desses mesmos dados com aqueles obtidos em outras cidades médias do Rio Solimões.

A realização desta pesquisa, embora não tenha resultado em uma publicação específica, mostrou-se fundamental para o desenvolvimento e ampliação das análises em andamento por parte dos antropólogos do GEU e também para que se iniciasse efetivamente a elaboração de um protocolo de pesquisa que, mais tarde, seria replicado em outras experiências de etnografia coletiva e compartilhada. Está claro que o método varia de acordo com o contexto de cada pesquisa. Sua formalização, no entanto, permite que os novos estudos sejam desenvolvidos com mais segurança e solidez. Os próximos capítulos abordarão o processo de elaboração deste protocolo e sobre suas diferentes aplicações.

8
Por um protocolo de pesquisa coletiva

Como demostrado no capítulo anterior, a prática de pesquisa coletiva ocorre no LabNAU-USP há mais de duas décadas: foram diversas experiências com objetivos, estratégias e resultados distintos, sempre levando em conta uma proposta de experimentação. Seja para facilitar a organização ou para promover exercícios didáticos de formação, passaram a surgir no Núcleo algumas estratégias e respectivos termos para descrevê-las: *incursão, caminhada* e *expedição*. Cada uma dessas estratégias responde a propósitos específicos e acessa, a partir de diferentes perspectivas, as dimensões que fundamentam um processo de pesquisa etnográfica: a *experiência* e a *prática* (MAGNANI, 2009).

Retomando, a *experiência etnográfica* ocorre geralmente nos primeiros encontros com os interlocutores em campo; é resultado desse contato e se apresenta como uma circunstância reveladora de questões que serão observadas e consideradas pelo antropólogo no transcorrer de sua pesquisa. A *experiência* revela as primeiras impressões que, muitas vezes, produzem sentimentos intensos e até contraditórios, como deslumbramento, receios e até frustração. Embora o contraste entre as perspectivas seja mais facilmente percebido nesses primeiros contatos, conservar esse espírito de descobrimento é tarefa do antropólogo durante todo o seu trabalho etnográfico, mesmo quando a constante interação com aquele coletivo já permite que seu olhar se acostume a tantas diferenças e novidades.

Já a *prática etnográfica* é tanto o resultado deste novo olhar que se estabelece antes e a partir do contato prolongado, frequente e até rotineiro com o outro, como das medidas anteriores preparatórias ao campo. É, portanto, planejada, continuada, estruturada e permite uma ampliação do conjunto de atores com os quais se realiza a interlocução da pesquisa, alargando, assim, a visão que o etnógrafo pode ter do mundo daqueles sujeitos. Promove descobertas a longo prazo, complexifica o cenário, expõe as regras, negociações e conflitos internos e externos ao coletivo. Permite que o pesquisador possa acessar e circunscrever uma totalidade mais ampla, capaz de abrigar matizes, comportamentos e valores, que num primeiro momento poderiam ficar de fora.

Assim, se *experiências etnográficas* impactantes – reveladoras – costumam ocorrer nos primeiros contatos dos pesquisadores com o campo e seus interlocutores, a *prática etnográfica* é resultado das frequentes e sequenciais idas a campo, o que possibilita uma observação mais paciente e estruturada. Não que o pesquisador de longa data não possa viver uma experiência impactante e reveladora no meio de suas muitas idas a campo, mas é comum que, após algum tempo, a prática etnográfica tome outro caráter, deixando de se apresentar como algo impressionante, surpreendente e diferente, para revelar regularidades, repetições, ideias e narrativas mais ordenadas.

De fato, essa conceitualização ajuda a refletir sobre as múltiplas formas e possibilidades de se realizar uma pesquisa etnográfica em grupo, suas diferenciações e especificidades, que as aproximam, por vezes, do campo da experiência e, por outras, da prática etnográfica. Foi a partir dessa reflexão e dos tantos exercícios etnográficos realizados pelos pesquisadores do LabNAU em função de diferentes projetos e propostas, que se tornou possível a sistematização, elaborada para este livro, de uma tipologia de pesquisas de caráter coletivo. Assim, foram identificadas três estratégias que ajudam a compreender as particularidades, abordagens e diferentes objetivos mobilizados pelos etnógrafos em projetos de pesquisa coletiva e compartilhada – mas não só: podem fazer parte da pesquisa individual. São eles: a *incursão*, a *caminhada* e a *expedição*.

A *incursão etnográfica* consiste numa ida a campo que tem por objetivo acompanhar um determinado evento ou "situação social" – um ou uma série de acontecimentos em um único dia (GLUCKMAN, 2010). Pode ser realizada de diversas formas, seja comparecendo a um ritual, acompanhando uma festividade, participando de um ato. É aí que, geralmente, ocorrem situações inesperadas e imprevistas: quando se está em campo pela primeira vez, ou uma única vez, pouco se sabe do que se vai encontrar, de modo que, caderno de campo em mãos, tudo deve ser observado cuidadosamente.

A *caminhada etnográfica* por sua vez consiste em realizar um percurso, delimitado de antemão, em determinado território. Diferentemente da incursão, para esta atividade é elaborado um mapeamento prévio do local e trajetos que serão realizados – nunca deixando de se considerar que ambos podem ser alterados dependendo dos acontecimentos imprevistos ocorridos em campo. Na caminhada, o olhar, em geral, está muito atento ao cenário, à paisagem, e à relação dos diferentes atores com aquele ambiente. Não há muito tempo para longas conversas e entrevistas, o que deve levar os pesquisadores a atentar principalmente para as pistas que, posteriormente, caso essa experiência se desdobre em uma pesquisa mais estruturada, poderão ser perseguidas e analisadas com mais cuidado.

Tanto a incursão como a caminhada etnográfica apresentam, portanto, um caráter exploratório e pontual, o que as colocam como um recurso interessante para fins didáticos e de sensibilização ao olhar etnográfico. Os professores podem levar grupos de alunos para acompanhar alguns espaços, dinâmicas e acontecimentos do contexto urbano, como é o caso dos exercícios citados no capítulo anterior, realizados no âmbito do Curso de Antropologia Urbana da USP: a participação na procissão de *Corpus Christi* em Santana de Parnaíba, as visitas aos cemitérios paulistanos no Dia de Finados, ou mesmo o acompanhamento a grandes eventos da cidade como a Virada Cultural. Um exemplo:

Caminhada etnográfica Dia 7 de Maio de 2022 – Av. Paulista/Augusta e Praça Roosevelt. Projeto: Centralidades Lima. São Paulo. Participantes: José Guilherme C. Magnani, Yuri Tambucci, Enrico Spaggiari, Jéssica Andrade, Paulo Tacio. Relato: Jéssica de S. Andrade

> Cheguei ao local combinado para o encontro às vésperas das 9h da manhã na Casa das Rosas. O Paulo Tacio, colega do Nau Cidades [subgrupo do LabNAU-USP), já estava lá. O dia estava com uma temperatura baixa, um frio característico de São Paulo. Eu e Tacio ficamos aguardando os demais integrantes chegarem, logo mais descobrimos que o Professor Magnani estava no primeiro ponto acordado para o encontro, o vão do Masp, na noite anterior o ponto havia migrado para a Casa das Rosas. Outro integrante chegou, o Yuri; ele fez contato com o professor e o mal-entendido foi clarificado. O plano agora era o de nós três caminharmos em direção ao Masp para encontrar o professor e já realizar uma primeira observação; de fato, ali, neste percurso de deslocamento, já demos início à etnografia.
>
> Yuri nos relatou, de maneira breve, quais seriam as ruas, os pontos de passagem da caminhada e começamos a caminhar juntos e levantar questões teóricas, advindas de uma pergunta que fiz. A pergunta era: Como observar um espaço tão amplo, diverso, cheio de estímulos, o que olhar. Seguir estritamente o cenário/atores e regras? [...]

Ambas as estratégias de pesquisa podem terminar por ali mesmo, com a escrita de um relato com os principais pontos observados como os trechos transcritos acima; na íntegra, ou ter prosseguimento, com outros relatos, quando as descobertas em campo sugerem uma pesquisa de maior duração. Nesse caso, abre-se a possibilidade de contar com a próxima estratégia de ida a campo: *expedição etnográfica*.

Apesar de também apresentar um caráter exploratório, é um exercício mais estruturado que tem por objetivo o reconhecimento e imersão em um determinado contexto de estudo, a partir de um levantamento mais completo de dados sobre aquela realidade, apontando para regularidades e eixos de observação. Diferentemente da incursão ou da caminhada pontual, a expedição tem uma duração mais longa, de modo a permitir o mapeamento do território, o conhecimento mais aprofundado daquele contexto social, o contato com as mais diversas histórias e narrativas. As expedições, em geral, duram alguns dias – cerca de uma ou duas semanas. Um exemplo emblemático dessa estratégia metodológica é a "Expedição São Paulo – 450 anos", já citada no capítulo anterior. Há também casos em que a expedição é tida como uma etapa de uma pesquisa mais extensa, um momento de primeiro contato com o campo e de levantamento de eixos de observação que irão nortear o trabalho de campo posterior. Assim, a expedição se situa na intersecção do campo da *experiência* com o da *prática etnográfica*. Ocorrem, aí, tanto aquelas primeiras e reveladoras impressões quanto a observação mais estruturada e regular, que aponta para pistas e temas a serem abordados de modo mais aprofundado.

Cada uma dessas três formas de entrada em campo pode encerrar-se em si mesma, dependendo dos objetivos da pesquisa ou das oportunidades que o "modo campo" proporciona: às vezes uma viagem descompromissada pode oferecer para o estudante uma chance de participar de um ritual, assistir a uma festa, deparar-se com uma manifestação de protesto. Ou então entram todas, cada uma em seu turno, no cronograma de pesquisas de maior duração – uma dissertação de mestrado, uma tese de doutorado – com base em projeto prévio. Entre estas, incluem-se também pesquisas realizadas fora do domínio acadêmico, como a que será mostrada a seguir.

As etnografias coletivas e compartilhadas demandam um investimento de médio ou longo prazo – podendo durar de alguns meses a mais de ano – que conta com um protocolo de pesquisa estruturado e integralmente construído de forma coletiva: desde o projeto, passando pelo trabalho de campo, e chegando à análise e à escrita. Esse exercício coletivo é marcado por trocas ao longo do trabalho de campo, contexto em que olhares e perspectivas são compartilhados pelos etnógrafos, mas também na escrita de relatos que circulam entre a equipe.

Na etnografia coletiva e compartilhada é produzido, portanto, um extenso material de pesquisa, tanto por meio de análise bibliográfica quanto e, principalmente, na escrita dos relatos de campo referentes a cada dia de pesquisa vivido pelo pesquisador. Este material é posteriormente consultado, sistematizado, codificado, catalogado de forma que, a partir dele, possa ser elaborado um relatório que aponte para as regularidades identificadas em campo e para os variados achados etnográficos, sempre dialogando com as teorias antropológicas mais pertinentes.

Se o conhecimento gerado pela etnografia é resultado do encontro entre o pesquisador e seus interlocutores no campo, na etnografia coletiva e compartilhada está se falando de muitos encontros de muitas pesquisadoras e pesquisadores com uma multiplicidade de atores. Assim, trata-se de uma modalidade de investigação que possibilita o surgimento de diferentes narrativas e discursos, interpretados, por sua vez, por diferentes antropólogos e antropólogas. Isso, ao mesmo tempo em que possibilita grande riqueza e detalhamento de informações, permite até mesmo a redução do tempo da pesquisa em relação às etnografias individuais, mas é necessário que se tome cuidado; pois, por conta dessa multiplicidade de olhares, pode-se chegar a conclusões que não dialoguem entre si. Dessa forma, é necessário que haja muita conversa e interação entre os pesquisadores de modo que sejam possíveis interpretações e análises em comum.

Como é possível observar, passagens de *experiências* para a *prática etnográfica* (e vice-versa) exigem que se formalizem estratégias e métodos de realização da etnografia no intuito de possibilitar uma pesquisa mais duradoura e estruturada. Foram essas passagens, aqui formuladas a partir de diferentes modos de estar em campo (incursão, caminhada, expedição etnográfica), que indicaram os caminhos para que fosse possível a proposição e realização de novas pesquisas a partir da elaboração de um protocolo de pesquisa coletiva e compartilhada.

Construção do protocolo de pesquisa coletiva no Sesc-SP

O primeiro exercício de sistematização de um protocolo de etnografia coletiva, amparado nas experiências anteriores realizadas pelo LabNAU, foi a pesquisa "Cultura e lazer: as práticas culturais dos frequentadores do Sesc em São Paulo". O projeto surgiu de uma demanda do próprio Sesc – uma gestora da instituição que havia acompanhado um Curso de Antropologia Urbana no Departamento de Antropologia da USP – para entender as motivações dos frequentadores em sua procura pelas atividades e serviços oferecidos nas diferentes unidades Sesc no Estado de São Paulo, que estão presentes em diferentes contextos urbanos. O estudo foi realizado em duas etapas: a primeira em 2015, contemplando nove unidades do Sesc, sendo seis delas na capital, uma no interior, uma na grande São Paulo e uma no litoral e a segunda etapa em 2017, concentrada em cinco unidades do interior paulista[50].

Por conta da complexidade do objeto de pesquisa e da limitação de tempo para realização do trabalho de campo –

---

50. Entre 2015 e 2017 foram visitadas 14 unidades do Sesc-SP: Santo Amaro, Itaquera, Santana, Consolação, Belenzinho, Pompeia, Santo André, Santos, Araraquara, Sorocaba, São José do Rio Preto, Taubaté, Presidente Prudente, Campinas.

eram muitas unidades do Sesc a serem estudadas, diversas questões para explorar e apenas uma semana para acompanhar a dinâmica de cada uma – o trabalho ficou a cargo de uma equipe[51].

Como foi mostrado no capítulo anterior, enquanto no modelo malinowskiano o pesquisador percorre uma jornada solitária, de longa duração, acompanhando o dia a dia na aldeia de um povo longínquo, nesta etnografia coletiva, vários pesquisadores estiveram simultaneamente em campo num período mais curto de tempo, realizando observações, coletando dados, compartilhando olhares e relatos. Essa estratégia proporciona uma multiplicidade de olhares e perspectivas a partir do repertório e características de cada pesquisador. Na pesquisa para o Sesc, especificamente, cada uma das etapas do projeto contou com uma equipe de nove etnógrafos/as e a colaboração de funcionários/as do próprio Sesc, também engajados/as na pesquisa[52].

Para dar início ao estudo, realizou-se um *exercício piloto* no formato de uma *expedição etnográfica* de uma semana de

---

51. A pesquisa foi realizada pelo Laboratório do Núcleo de Antropologia Urbana em conjunto com o Centro de Estudos de Cultura Contemporânea (Cedec), cada qual com suas perspectivas metodológicas distintas – o LabNAU/USP ficou responsável pela pesquisa de tipo etnográfico (abordagem qualitativa) e o Cedec pela pesquisa do tipo *survey* (abordagem quantitativa).

52. A pesquisa coordenada pelo Professor José Guilherme Cantor Magnani contou com a participação de Ana Luiza Mendes Borges; Ane Rocha e Danilo Cymrot (Sesc); Camila Iwasaki; Clara Azevedo; Enrico Spaggiari; Júlio César Talhari; Leslie Sandes; Lucas Lopes de Moraes; Mariana Hangai; Mariana Luiza Fiocco Machini; Michel de Paula Soares; Rodrigo Chiquetto; Rosenilton Silva de Oliveira; Samara Konno; Thiago Pereira dos Santos; Yuri Bassichetto Tambucci.

duração em uma determinada unidade da instituição. De modo exploratório, o exercício permitiu delinear alguns eixos temáticos que orientaram a observação ao longo de toda a pesquisa de campo nas demais unidades: a) características das unidades (arquitetura, programação, públicos e fluxos de frequentadores); b) a relação do Sesc com os contextos urbanos em que as unidades estão inseridas; c) percepções sobre os discursos da instituição; d) as táticas (usos não previstos) dos frequentadores frente às regras estabelecidas pelas unidades; e) marcadores sociais da diferença (classe, raça, geração, gênero, necessidades especiais); por fim: f) o lugar do Sesc nos arranjos cotidianos dos frequentadores.

O exercício piloto também foi fundamental para a elaboração de um protocolo metodológico a fim de garantir que a abordagem adotada pudesse ser a mesma em todas as unidades estudadas, sabendo-se que cada uma delas apresentaria particularidades. O protocolo visava adequar, em termos práticos e logísticos, a prática etnográfica para uma pesquisa coletiva de duração determinada, o que impunha alguns desafios, como otimizar o tempo e a presença dos pesquisadores em campo, mas principalmente assegurar um alinhamento da equipe, com trocas e compartilhamento de informações. Esse protocolo de pesquisa, estruturado em três etapas, não se restringiu aos recortes desta pesquisa. As estratégias de preparação para permanência intensiva em campo, observação sistemática e produção textual e analítica, configuram um modelo metodológico de pesquisa coletiva inspirado nos preceitos das etnografias clássicas (abordados nos três capítulos da seção anterior) e que pode ser replicado e adaptado para outros contextos e interesses.

O momento que antecede o trabalho de campo, denominado *pré-campo*, é a primeira etapa do protocolo, dimensão fundamental da metodologia aplicada à pesquisa coletiva, pois cria estratégias que ampliam as potencialidades da prática etnográfica em um contexto de curta permanência em campo. A preparação para o trabalho de campo consiste em um levantamento de dados e material bibliográfico, nas mais diversas fontes (mapas, notícias, pesquisas, teses, artigos, projetos). Além disso, na pesquisa do Sesc, envolveu também o mapeamento da programação da unidade e organização de escala de trabalho dos pesquisadores em campo, assegurando que houvesse ao menos dois etnógrafos realizando observações desde o momento de sua abertura até seu fechamento. Tais procedimentos foram igualmente adotados para o mapeamento dos entornos, que além de inventariar os demais equipamentos de lazer e cultura próximos às unidades, levou em consideração a rotina de locomoção e os caminhos realizados pelos frequentadores até o Sesc.

Dessa forma, buscava-se estabelecer um quadro panorâmico das características de cada unidade, permitindo que a equipe pudesse se familiarizar previamente com sua história, rotina e entorno, além de definir as estratégias etnográficas preliminares de observação, algumas delas específicas para cada contexto de pesquisa. Tais informações eram registradas e reunidas em um "dossiê de pré-campo"⁵³. Apesar de traçar um planejamento inicial para a pesquisa, o pré-campo mostra-se provisório e sujeito a alterações de acordo com as dinâmicas próprias do trabalho de campo e imprevistos inerentes à prática etnográfica.

O *trabalho de campo* é a segunda etapa, central, do protocolo da pesquisa coletiva. Apesar de os princípios norteadores serem os mesmos de uma etnografia em moldes acadêmicos – a perspectiva *de perto e de dentro* –, surgem novos desafios, questões e especificidades ao reunir vários pesquisadores em campo simultaneamente. No caso da pesquisa coletiva, cada olhar, quando colocado em relação a outros, ajuda a compor uma multiplicidade de perspectivas que se estimulam e complementam mutuamente, por isso, são fundamentais as constantes trocas durante o trabalho de campo.

Nessa pesquisa, reproduzindo um dos preceitos clássicos da prática etnográfica, a "observação participante", pesquisadores e pesquisadoras, munidos de seus cadernos de campo, participaram ativamente do cotidiano e das atividades oferecidas nas unidades, entrando em contato com diversos atores sociais, suas teorias e percepções. Além de dialogar com frequentadores habituais e funcionários que elaboravam e executavam as atrações

---

53. O dossiê procurava abarcar os seguintes dados sobre cada Sesc: informações básicas sobre a unidade; breve histórico; espaço físico; acesso; entorno da unidade; programação da semana; mapeamento das redes sociais; mapeamento de referências sobre a unidade (bibliografia, reportagens, estudos etc.) e dados quantitativos de perfil do público (fornecidos pela equipe do Cedec).

e serviços oferecidos pela instituição, a equipe de pesquisadores também se atentou para o que ocorria fora da programação, observando as práticas e os usos do equipamento muitas vezes não previstos pelo Sesc. A perspectiva *de perto e de dentro* possibilitou, então, uma ampla abordagem do universo de análise em um período de tempo relativamente curto (uma semana), sem deixar de lado a dimensão institucional: funcionários, regras, conceitos e programação; e a dimensão cotidiana da unidade: vivências, motivações, categorias êmicas, sociabilidades e usos por parte dos frequentadores.

Foi necessário que se frequentassem todos os espaços de cada unidade: comedorias, exposições, auditórios, quadras, piscinas, espaços de brincar, banheiros, entre tantos outros, e se deparar com um amplo conjunto de ideias, expressões e práticas sociais que indicassem as diferentes formas de ocupar cada unidade, bem como as expectativas, lógicas e experiências de frequentadores diversos. Em conversas com idosas que realizavam a atividade de hidroginástica, por exemplo, foi possível notar o estabelecimento de um ambiente de paquera entre pessoas da terceira idade, bem como de trocas e vendas ("clandestinas", nos banheiros) de objetos voltados a este público. Também no convívio com pessoas dessa faixa etária, foram ouvidas expressões como "o Sesc é um bom lugar para morrer", que remetiam à importância daquele local na vida muitas vezes solitária de tais frequentadores.

O manejo das regras da instituição também apareceu de forma clara quando foram observadas as diversas estratégias mobilizadas por frequentadores e funcionários para lidar com o conjunto de normas que organizaria o convívio de todos ali. O caso do funcionário que levou a bolsa abandonada por um frequentador diretamente ao setor de achados e perdidos, em vez de avisá-lo sobre o item esquecido para que este "aprendesse" e não cometesse o erro novamente, é bastante ilustrativo desses jogos que se faziam com as regras explícitas e implícitas. A frustração de muitos frequentadores do Sesc com a mudança recente das normas para uso das piscinas, tornando seu acesso mais restrito, foi também um tema importante. Outros muitos exemplos podem ser rememorados: as frequentes crises entre funcionários e o público jovem, que muitas vezes se recusava a realizar as atividades a ele destinadas, preferindo ocupar as instituições de novas e inventivas formas; os relatos de pais e mães que encontravam ali ambientes propícios para levar seus filhos durante o período de férias, pois senão eles "destruiriam a nossa casa"; o significado que cada unidade Sesc adquiria no território em que estava instalada – na capital paulistana ou em alguma cidade do interior do Estado de São Paulo.

Finalizado o trabalho de campo, tem-se a última etapa do protocolo de pesquisa, o *pós-campo*, na qual os pesquisadores buscam compreender os diversos significados que são mobilizados pelos atores sociais, à procura de regularidades e singularidades que permitam a interpretação do contexto estudado. Essa etapa é composta por três momentos: a escrita de relatos de campo (as primeiras versões já escritas durante o período de campo), a codificação desses relatos e a produção do relatório. Assim como nas etapas anteriores, o "pós-campo" também assume contornos específicos por se tratar de uma etnografia coletiva, tanto pelo caráter compartilhado da produção das interpretações quanto pelo volume de informações produzidas pela equipe e as estratégias adotadas para lidar com esses dados.

Assim como na etnografia clássica, durante o trabalho de campo, os pesquisadores fazem suas anotações no caderno de campo, posteriormente reescritas e transformadas em relatos de campo, cuja finalidade é registrar e começar a interpretar os acontecimentos vivenciados pelo pesquisador durante o período da pesquisa. É na transposição da experiência vivida para o texto que as primeiras interpretações começam a ganhar forma e corpo. Contudo, por ser uma pesquisa coletiva, as impressões iniciais dos pesquisadores são também objeto de discussão, tanto informalmente, durante o campo, como em reuniões de equipe formais.

Finalizada a pesquisa em cada uma das unidades do Sesc, a equipe realizava uma reunião para que os pesquisadores compartilhassem e refletissem a respeito dos principais "achados de campo". Tais reflexões serviam também de insumo para os relatos, sendo incorporadas, sempre que pertinentes, na escrita do pesquisador. Apesar de terem sido produzidos de forma individual – cada pesquisador apresentava um relato para cada dia em campo –, os textos depois eram compartilhados com toda a equipe. A diversidade de olhares, que se apresentou tanto pelas situações presenciadas e observadas quanto por esses diferentes posicionamentos de cada pesquisador, permitiu que o conjunto de relatos produzidos abarcasse as vivências cotidianas de cada unidade e ampliasse o horizonte da análise. Por isso, o conjunto dos relatos foi tomado como um *corpus* de textos que se conectam e perfazem a totalidade das observações realizadas em campo[54]. Dessa forma, a etnografia coletiva, que faz uso de múltiplos olhares, em um período curto de permanência em campo, pôde abranger dimensões mais amplas, pois estabeleceu essa rede textual através dos relatos produzidos pela equipe.

Um dos desafios de uma pesquisa etnográfica do porte dessa aplicada no Sesc-SP é analisar um conjunto muito grande de relatos produzidos pela equipe[55]. Com o montante de dez pesquisadores em campo, trabalhando durante uma semana em cada uma das unidades selecionadas para a pesquisa, fez-se necessária a adoção de recursos informatizados para a organização e indexação das informações contidas nos relatos etnográficos. Para esse fim, como já tratado no capítulo 6, optou-se pela aplicação de um software do tipo CAQDAS – *Computer Assisted Qualitative Data Analysis Software* (Programa de Assistência Computadorizada para a Análise de Dados Qualitativos), que permite a gestão e análise de grandes quantidades de

---

54. Os trechos dos relatos de cada pesquisador foram considerados elementos de construção daquilo que Clifford Geertz (2008 [1973]) define como uma "análise microscópica", aquela que se aprofunda em detalhes e circunstâncias, para deles tirar resultados progressivamente mais abrangentes, que possam ser articulados com mais unidades de sentido recolhidas em contextos diferentes.
55. Na primeira etapa de pesquisa foram produzidas cerca de duas mil páginas de relatos.

dados qualitativos sem alterar as características de uma pesquisa de cunho etnográfico. O software foi uma importante ferramenta para o processo de análise coletivo na medida em que a formulação e aplicação das categorias analíticas foi realizada de forma compartilhada por todos os pesquisadores.

Esse exercício permitiu identificar singularidades e recorrências, assim como mapear as *unidades de sentido* acionadas pelos frequentadores e funcionários na classificação daquilo que fazem (e por que fazem) no Sesc, que permitiram a compreensão aprofundada do cotidiano das unidades visitadas e dos significados dados pelos frequentadores àquilo que fazem no Sesc[56]. Dentre essas regularidades destacaram-se temas como a relação do Sesc com a cidade; a importância das questões identitárias, em especial a geracional, para como os frequentadores utilizam e se entendem dentro da instituição; as relações de pertencimento e acolhimento presentes nas unidades; e o lugar que o Sesc ocupa nas rotinas dos usuários e a multiplicidade de formas de habitar a instituição.

---

56. A partir dos eixos temáticos estabelecidos na etapa piloto e que orientaram a observação em campo ao longo de toda a pesquisa, foi derivado um conjunto de categorias de classificação que compuseram a "árvore de códigos" utilizada para indexar os relatos no software. A árvore contou com 25 códigos, além de subcódigos, que permitiram agrupar trechos de relatos de campo, episódios e falas de atores sociais em torno de categorias comparáveis e correlacionáveis. Foi também elaborado um dicionário que garantisse que a aplicação dos códigos fosse coerente, reduzindo a margem de subjetividade de cada pesquisador responsável pela codificação. Os relatos foram lidos pelos pesquisadores e os trechos foram selecionados de acordo com as recorrências dos temas e suas implicações para os objetivos da pesquisa.

Alguns *insights* sobre cidades e gerações

O desenvolvimento de um protocolo de pesquisa mostrou-se fundamental para garantir que uma investigação de larga escala, dentro de uma instituição complexa e a partir de pontos de vista de pesquisadores distintos, pudesse ser realizada. O desafio foi o de assegurar que a diversidade de olhares e a do campo de pesquisa se mantivesse para permitir a comparabilidade entre as vivências e descrições realizadas. Esse processo se iniciou ainda nos primeiros momentos, durante a etapa piloto, quando foi elencado coletivamente um conjunto de eixos de análise, que serviram de base para a elaboração dos textos etnográficos – descrições e análises – do relatório final. Dentre as regularidades tematizadas, cabe retomar aqui algumas delas, tomadas como exemplos transversais de discussões caras à Antropologia: concepções de cidade, circuitos urbanos e marcadores sociais da diferença.

A pesquisa coletiva revelou que as unidades do Sesc, apesar de compartilharem uma só proposta institucional, ganham diferentes contornos dependendo dos contextos em que estão inseridas e a partir dos usos e apropriações que cada público faz delas. O papel que essas unidades ocupam em cada um desses contextos e os diversos usos que frequentadores realizam, acabam também por gerar novos fluxos dentro da cidade e colocar o Sesc como um elemento de produção do espaço urbano. O próprio Sesc incentiva que seus frequentadores e também os funcionários transitem pelas unidades, o que gera a existência de um *circuito* Sesc, que coloca a instituição no discurso de seus frequentadores como uma importante referência na elaboração de itinerários e circulação pela cidade: são pessoas que se deslocam em busca de *shows*, peças e espaços para prática esportiva, ou de alimentação de qualidade e acessível, ou até mesmo um sofá confortável para descansar e usar internet gratuitamente. Esses fluxos e usos permitem, portanto, que as unidades do Sesc se conectem no contexto urbano.

Essa circulação possibilita ainda que os atores sociais realizem comparações e classificações de cada unidade e reflitam a respeito dos diferentes papéis que a instituição ocupa no cenário urbano[57]. Ao longo da pesquisa foram muito comuns analogias do Sesc com outros espaços das cidades. Nas cidades do interior e litoral, por exemplo, o Sesc era igualado a clubes, por conta tanto do repertório de espaço de lazer dessas cidades quanto pela noção da posse de uma credencial e a um argumento recorrente de muitos frequentadores: "Pago, então tenho direito". Já na capital e região metropolitana em alguns momentos o Sesc era comparado com os *shoppings*. Então escutamos falas como: o "Sesc é como um *shopping*, mas com cultura" e "educação", ou, o "Sesc é tão seguro quanto um *shopping*", ou é um dos poucos "lugares onde meus pais me deixam

---

57. O Sesc tem como vocação atender os comerciários e suas famílias; contudo, no decorrer de sua história, abriu-se ao público em geral (ainda que com algumas atividades exclusivas para os comerciários). Apesar da perspectiva institucional, sua finalidade e objetivos estarem bem definidos, os frequentadores têm dificuldade de entender o seu caráter, por horas classificando como espaço público e em outros momentos como um espaço privado – o que acaba tornando dúbio seu papel e lugar no contexto urbano devido à amplitude da sua atuação.

ficar sozinho". Nesse último caso, o Sesc era tido como um espaço de "segurança", mas também de confiança e pertencimento, um espaço quase familiar. Não é por menos que escutamos muitas vezes o Sesc ser classificado também "como se fosse o quintal da minha casa", uma extensão do ambiente doméstico, familiar.

O caso do Sesc Itaquera, mais afastado do centro da cidade, é emblemático quando se pensa nos diferentes sentidos que as unidades da rede adquirem para seu público. Lá foi recorrente a comparação com a experiência da praia e da vivência comum do paulistano de "descer a serra". A expressão "praia da zona leste", ou o "Itaquera é nossa praia", foi ouvida algumas vezes para classificar essa unidade, o que aponta para os tipos de significados e importância que ela adquire para os entornos. Como disse uma mãe acompanhada de seus filhos, vai-se ao Sesc porque "não tem tempo e dinheiro para ir à praia", ou, como afirmou outro frequentador: "quem não tem praia, vai para o Sesc". Essas pessoas organizam-se, preparam o farnel, saem muito cedo de casa para evitar as filas e os congestionamentos e usufruem das dependências da unidade o dia todo. A própria gestão da unidade cria estratégias para promover essas experiências, transformando as quadras de vôlei de areia em uma espécie de praia artificial, com cadeiras, guarda-sóis e ventiladores para reproduzir a "brisa marítima" e aplacar o calor.

Além dos sentidos dados aos espaços das unidades a partir das práticas e formas de apropriação cotidianas, existe um conjunto de elementos mobilizados pelo público do Sesc para classificar os demais frequentadores e, por extensão, as unidades. Essas classificações estão em constante disputa entre os atores sociais, produzindo distinções e fronteiras. São construídas imagens de um suposto público, que em muitos casos não correspondem ao cotidiano das unidades e em outros são expressões de preconceitos e de estereótipos disseminados, que fundamentam e justificam as motivações daqueles que circulam pelos Sescs.

Um exemplo dessas classificações elaboradas pelos frequentadores e, às vezes, pelos funcionários é a oposição entre os supostos públicos típicos do Sesc Itaquera e do Belenzinho, duas unidades da Zona Leste, tomadas como muito diferentes, mais na chave de um "perfil" de quem as frequenta do que numa leitura voltada à programação e aos serviços oferecidos. O público de Itaquera era classificado por frequentadores de outras unidades como "maloca", "zé-povinho", "gente sem cultura", tornando a unidade "perigosa". Esse estigma construído sobre quem vai ao Itaquera está amparado em um discurso que reproduz uma série de preconceitos de classe e também de raça, dada a significativa presença de jovens negros e moradores de áreas da periferia. Já o Belenzinho foi apontado como uma unidade "melhor frequentada", mais segura e com pessoas com "mais cultura".

O Sesc Pompeia também foi inserido nessas comparações dos próprios frequentadores, mas em outro sentido. Uma senhora classificou o Belenzinho como um misto entre Itaquera e Pompeia, entre a piscina e o esporte que remete a Itaquera e a cultura que lembra Pompeia. Isso é interessante ao se pensar na Linha Vermelha do metrô de São Paulo, que liga Itaquera-Belenzinho-Pompeia e como as características de cada uma dessas unidades são apropriadas nos discursos de seus frequentadores para construir um sistema de classificação complexo. Vai-se do esporte à cultura, do extremo leste ao lado oeste da cidade.

Vale ressaltar que muitas vezes essas classificações não estavam ligadas ao que realmente ocorria nas unidades. O Sesc Pompeia, por exemplo, é tido como um espaço frequentado por um público de classe média intelectualizada, mas também é amplamente frequentado por moradores de bairros populares "do lado de lá da ponte" (da Marginal Tietê), como Freguesia do Ó, Brasilândia, Pirituba e outros mais distantes. Contudo, é o primeiro perfil que confere o tom usualmente atribuído à unidade.

Esses exemplos mostram como as práticas e as experiências dessas pessoas permitem que tal repertório seja mobilizado para dar sentido a cada Sesc e, então, fixar seu lugar na paisagem e no imaginário da cidade[58]. É assim, a partir da relação que a instituição estabelece com a cidade, que se pode identificar também alguns *circuitos* elaborados pelos atores sociais dos quais o Sesc se torna um

---

58. Além dos sentidos dados aos espaços das unidades a partir das práticas e formas de apropriação cotidianas, existe um conjunto de elementos mobilizados pelo público do Sesc para classificar os demais frequentadores e, em consequência, as unidades. Essas classificações estão em constante disputa entre os atores sociais, produzindo distinções e fronteiras. São construídas imagens de um suposto público, que em muitos casos não correspondem ao cotidiano das unidades e em outros são expressões de preconceitos e de estereótipos disseminados, que fundamentam e justificam as motivações daqueles que circulam pelos Sescs.

ponto importante, conectando-o ao contexto urbano – o que esclarece, por exemplo, quando se pensa no papel da instituição no *circuito* cultural paulistano.

O "circuito do vôlei", por exemplo, tinha pontos em quase todas as unidades. Ele é tecido por homens *gays* que circulam pela cidade em busca de boas quadras para jogar e concorrentes com alto nível de *performance* e as unidades do Sesc eram importantes nessa rede. Os jogos eram marcados pelo alto nível técnico, mas também pelas relações afetivas que surgiam nesse grupo. Esses grupos de jogadores muitas vezes utilizam estratégias para excluir pessoas de fora do *circuito* dispostas a jogar vôlei com eles.

Outro circuito que pôde ser mapeado diz respeito aos garotos que transitam pelos entornos do Sesc Consolação. Era uma grande quantidade de jovens, entre 12 e 17 anos, circulando pelos andares da unidade, buscando espaços para a prática do futebol, nas brechas da programação oficial. Também circulavam por alguns equipamentos dos entornos, como a Praça do Rotary (nas adjacências da unidade) e a Praça Roosevelt, entre os quais a Consolação tem certa centralidade. Nos dias em que a concorrência com a programação agendada impossibilita seu uso das quadras da unidade, a expressão ouvida sistematicamente pelos pesquisadores foi: "Hoje o Sesc tá zoado".

Além das circulações produzidas por determinados arranjos coletivos, existem aquelas relacionadas a certos serviços disponibilizados pelo Sesc, como é o caso das piscinas. Em uma cidade como São Paulo, cujos poucos espaços que oferecem acesso a piscinas são inacessíveis para a população em geral, o Sesc é tido como uma referência para a prática da natação. Há frequentadores que circulam por diversas unidades para poder usar as piscinas.

Finalmente, um dos aspectos mais importantes que orientam a circulação das pessoas pelas unidades diz respeito à oferta de exposições de arte, espetáculos teatrais, *shows* musicais e outros eventos artísticos. Sob esse aspecto, as unidades não são vistas da mesma forma, mas a instituição geralmente aparece na fala dos frequentadores como um "espaço de cultura", novamente fazendo referência à acessibilidade desses eventos para a população das cidades em que as unidades se localizam.

Se por um lado a pesquisa buscou entender o espaço que o Sesc ocupa na cidade e como ele produz o espaço urbano, por outro também se atentou para as relações, negociações e disputas internas presentes no cotidiano das unidades, principalmente para aquelas relacionadas à idade dos frequentadores, um marcador social de diferença essencial para compreender como o público se entende e se apropria da instituição. A questão etária ocupa lugar de importância tanto nas falas dos frequentadores quanto nos discursos da instituição e de seus funcionários, que utilizam a idade para classificar seus públicos[59]. A forma como idosos, jovens, adultos e crianças habitam o Sesc é mar-

---

59. O fato de haver programas designados para essas categorias demonstra a posição de destaque que o Sesc confere a tais públicos: para as crianças há o Programa Curumim, para os mais velhos, o Trabalho Social com Idosos – que é realizado desde a década de 1960 – e para os jovens oferece o Programa Juventudes.

cada por tensões e negociações com a própria instituição, desde os mais velhos que se "sentem donos do Sesc"; os jovens que vão à unidade para fazer "um monte de nada"; e as crianças "filhas do Sesc" que se apropriam intensamente dos espaços e atividades das unidades em diferentes períodos do dia:

> Diego tem 11 anos e mora a duas quadras do Sesc. Frequenta a unidade desde sua inauguração e participa do Projeto Curumim. Durante as férias escolares foi praticamente todos os dias à unidade Santo Amaro. Ele é o único em sua família que vai ao Sesc com essa frequência – sua mãe trabalha o dia inteiro e sua irmã de 14 anos prefere passar o dia no computador. Todo dia, por volta de dez da manhã, ele vai sozinho para a unidade, participa das atividades de recreação: joga pingue-pongue, damas, UNO, encontra os amigos. Almoça em casa, retorna para o Sesc e fica lá até as 17 horas. Questionei se seus pais não tinham receio de deixá-lo lá sozinho e Diego me deu uma resposta bem direta: "o Sesc é o quintal da minha casa. Conheço todo mundo aqui!" (trecho de relato de campo – Sesc Santo Amaro, 2015).

Mas, apesar dos recortes etários determinarem *a priori* quem pode participar de algumas programações específicas, é possível identificar como essas categorias etárias e geracionais são mobilizadas de maneiras distintas a todo momento pelos próprios frequentadores, dependendo do contexto e do interlocutor. Isso se torna ainda mais explícito quando se trata do público idoso: ser "velho", ser "idoso", ser da "terceira idade" ou da "melhor idade" são termos acionados de maneira situacional, dependendo de com quem os atores falam e o que desejam expressar.

A discussão envolvendo os idosos reunidos em frente à coordenação de esportes polemizava o sumiço do bolim – a bolinha de prata que é utilizada no jogo e orienta a contagem de pontos da bocha. O material da bocha fica guardado em um armário ao lado da cancha. Alguns praticantes reclamaram que alguém abriu o armário ("muito fácil de abrir") e culparam o Sesc Santos. Outros falaram que provavelmente foram "jovens" que pegaram a bolinha para jogar bocha em algum momento e não devolveram. Enquanto os idosos cogitavam fazer uma "vaquinha" para buscar um bolim numa pista a 2km do Sesc ou mesmo desistir de jogar naquele dia, o funcionário reapareceu dez minutos depois com uma bolinha de borracha que poderia ser utilizada como substituta do bolim. Os praticantes aceitaram a "solução" e se dirigiram à quadra. O funcionário, visivelmente cansado com toda a polêmica, comentou: "Esse pessoal é dureza. A gente sempre trata bem, deixa um espaço só para eles, colocamos iluminação, mas eles sempre estão reclamando". Perguntei sobre a frequência desses praticantes no Sesc e ele falou que é um público antigo e que vem diariamente, e por isso "eles se acham donos do pedaço". Segundo ele, os idosos praticantes da bocha – que se acham "donos do pedaço" –, quando não contemplados pela instituição, acionam o discurso da terceira idade: "E se a gente não atende o que eles pedem, aí eles falam

'O idoso não tem direito a nada'" (trecho de relato de campo – Sesc Santos, 2015).

Esses diversos atores que circulam e ocupam as unidades muitas vezes estabelecem um forte vínculo com o Sesc a partir de uma relação que extrapola, em muito, uma dimensão meramente utilitária, com afetos, expectativas, cobranças, tudo isso mediado por discursos de pertencimento articulados de formas distintas, dependendo de como cada pessoa inclui o Sesc em sua rotina e de como a própria instituição categoriza seus frequentadores. Se, por um lado, o Sesc recebe seus frequentadores com um conjunto de equipamentos e práticas que possibilitam a muitos destes sentirem-se acolhidos em seus espaços e atividades, por outro há tanto aqueles que se identificam com o que a instituição oferece, elaborando, a partir daí, narrativas de pertença, quanto os que, mesmo ocupando os espaços do Sesc nas brechas das regras e da programação da instituição, sentem-se, de alguma forma, pertencentes a ela.

Resultados práticos da pesquisa

Abordar a partir de uma perspectiva *de perto e de dentro* essa complexa rede de relações que os frequentadores estabelecem com as unidades e que os levam a usar de diversas formas a programação permitiu compreender as motivações e os arranjos criados por esses atores para incluir o Sesc em suas rotinas nas mais diversas temporalidades, atendendo assim à principal demanda da instituição quando encomendou a pesquisa. Resultados que acabaram por gerar alguns produtos textuais[60] e catalisar desdobramentos na organização interna do Sesc e de sua programação.

Essas reflexões foram compartilhadas com as equipes de funcionários e público através de um ciclo de palestras organizado pelo Centro de Pesquisa e Formação do Sesc e foram determinantes, por exemplo, para pensar e reformular o programa Sesc Verão, iniciativa que ocorre anualmente entre os meses de janeiro e março e visa sensibilizar a comunidade para a importância do esporte e das atividades físicas. Por conta de o programa coincidir com o período de férias escolares, as atividades propostas eram frequentadas principalmente por crianças e seus familiares.

Desdobramentos e intervenções que só foram possíveis por meio de uma etnografia coletiva que – além de estabelecer uma familiaridade com o cotidiano das práticas físico-esportivas, culturais e de lazer dos frequentadores do Sesc, para assim compreender as percepções e motivações dos frequentadores e suas relações com outros atores sociais – teve como preocupação consolidar um protocolo de pesquisa, no qual não só o campo era compartilhado, mas todas as etapas do estudo eram construídas coletivamente entre a equipe de pesquisadores, desde sua elaboração, planejamento, execução, até o momento de análise e escrita.

---

60. Além dos relatórios finais, a publicação da coletânea *Lazer de perto e de dentro: uma abordagem antropológica* (MAGNANI; SPAGGIARI, 2018), inspirada pelas reflexões sobre lazer e tempo livre da pesquisa, conta com um capítulo dedicado aos resultados dessa pesquisa.

9
Experimentos de antropologia extramuros

Para a Antropologia, o ambiente universitário é o *locus* privilegiado para a formação dos seus profissionais e exercício das respectivas atividades. Como foi apresentado no capítulo 4, a tradicional carreira acadêmica nas universidades ainda é uma dimensão fundamental do ofício, responsável pela produção e renovação do quadro de cientistas sociais, antropólogos e antropólogas.

Contudo, o fazer antropológico não se restringe às trajetórias estritamente acadêmicas: há opções. Por isso, é fundamental, hoje, pensar sobre como esse saber é aplicado em projetos, ações e pesquisas realizados em outros espaços, no que se tem chamado de *antropologia extramuros*[61]. Neste capítulo serão apresentadas outras pesquisas e experimentos metodológicos recentes, como a do Sesc, que oferecem um olhar mais detido para as demandas que vêm de fora dos limites de nossas universidades.

O tema tem sido objeto de reflexão nos espaços, atividades e grupos de trabalho da Associação Brasileira de

---

61. Sobre a expressão "antropologia extramuros", cf. Silva, 2008.

Antropologia (ABA)[62], bem como em algumas universidades do país. Porém, subsiste ainda desconhecimento em relação às tarefas e objetivos que envolvem uma produção antropológica marcada por domínios particulares, interesses específicos e tensões no diálogo entre antropólogos e profissionais de outras áreas.

> [...] a sociedade desconhece o que fazem os antropólogos, sejam de ONGs, sejam da academia; enquanto isto perdurar continuaremos sendo especialistas na "diversidade" e, enquanto formadores de futuros antropólogos, realimentando um circuito de ilusão que pode representar a séria incompreensão de uma atividade que se quer arte, mas se comporta como uma profissão (GUEDES, 2010: 96).

Profissionais do ramo da Antropologia têm tido uma atuação extramuros há décadas no Brasil, apesar da pouca visibilidade: desde os anos de 1970, observa-se uma gradativa e variada inserção em diversos campos, públicos e priva-

---

62. "A Associação Brasileira de Antropologia é a mais antiga das associações científicas existentes no país na área das ciências sociais, ocupando hoje um papel de destaque na condução de questões relacionadas às políticas públicas referentes à educação, à ação social e à defesa dos direitos humanos. [...] Seu código de ética exige respeito às populações estudadas e obriga o pesquisador a deixar claros seus objetivos para os grupos e populações que sejam objeto de suas análises. [...] No decorrer dos 55 anos desde sua fundação, a ABA se consolidou como associação voltada para a discussão crítica do campo da Antropologia, particularmente através da promoção de eventos científicos no Brasil com abrangência internacional e da constante busca de manter essa discussão atualizada e articulada com aquelas correntes em todo o mundo. Do pequeno grupo que participou da 1ª RBA realizada no auditório do Museu Nacional no Rio de Janeiro em 1953, suas reuniões vieram a ter participação de mais de dois mil associados e não associados" [Disponível em http://www.portal.abant.org.br/].

dos: instituições governamentais, Terceiro Setor, sindicatos, partidos políticos, pesquisas de mercado entre outras áreas.

A experiência *extramuros* traz novos desafios, pois faz com que antropólogos e antropólogas participem de espaços institucionais com equipes multidisciplinares, dialogando com pessoas de diferentes especialidades, com outras visões e repertórios técnicos como juízes, procuradores, políticos, militantes, educadores e jornalistas. Isso exige um constante e difícil exercício de tradução de termos e conceitos para léxicos próprios desses setores.

Esse contato, por outro lado, abre-lhes um campo de profissionalização além da previsível carreira docente: podem atuar como assessores e consultores elaborando laudos periciais, análises técnicas, relatórios de impacto ambiental. Outra área de atuação é a de projetos patrimoniais de conservação, preservação e salvaguarda de bens culturais materiais e imateriais, principalmente de populações tradicionais e grupos minoritários, mais vulneráveis.

Essas diferentes formas de atuação convivem com críticas, muitas oriundas do próprio universo acadêmico, de um uso instrumental e simplificador da Antropologia e de seus procedimentos metodológicos[63]. De forma velada,

---

63. De fato, existem inúmeros exemplos de pessoas que, mesmo sem *expertise* antropológica e reconhecimento como profissionais da área, acionam este conhecimento em empresas de consultoria, pesquisas de mercado e em projetos para o poder público. O reconhecimento formal do campo de atuação e a abertura de um mercado de trabalho extramuros das universidades apontam para a urgência da regulamentação da profissão no Brasil. O estabelecimento de um marco regulatório por um conselho profissional ajudaria a mitigar problemas relacionados ao exercício indevido da profissão por pessoas sem formação ou qualificação comprovada na disciplina.

há certas diferenciações e hierarquias entre aqueles que produzem dentro das universidades e os profissionais sem vínculo com o Ensino Superior. No entanto, como lembra Teixeira (2018: 224), não se trata de uma divisão fixa: "a fronteira entre os antropólogos intra e extramuros da academia é muito mais permeável do que tal denominação parece sugerir". Há diversas conexões entre tais esferas que permitem avaliar o que, de fato, distingue as pesquisas feitas por quem está inserido nas universidades e a produção daqueles que atuam em espaços não acadêmicos. A despeito das diferenças, é possível observar que muitas características do *métier* antropológico são compartilhadas entre estas esferas. Além disso, há uma circulação de profissionais pelos dois domínios, mesmo que de forma pontual.

Portanto, não são os espaços de atuação que definem o ofício antropológico, mas sim o modo como o conhecimento é produzido. Quais interesses procura-se atender, para que servirão, a quem a pesquisa beneficiará ou mesmo quem será impactado? Como é estabelecida a relação de confiança com os interlocutores em campo? Quais são as relações de poder que permeiam essas etnografias? Essas questões são essenciais para compreender os modos de fazer etnografia fora dos domínios canônicos da academia.

Afinal, são trabalhos e pesquisas que procuram chegar a interpretações, produzir descrições e oferecer explicações por meio de um quadro complexo de informações, coletadas através de observação, conversas, entrevistas, reconstituição de trajetórias (individuais e coletivas), genealogias de parentesco. Assim, buscando conexões e elementos contextuais em meio a convergências e divergências, regularidades e contradições, a prática etnográfica *extramuros* almeja uma produção antropológica tão legítima quanto a realizada no ambiente acadêmico.

Entretanto, como será mostrado neste capítulo, ainda que os preceitos da etnografia sejam seguidos, trata-se de um proceder híbrido, com certas particularidades, visto que as interpretações e explicações são produzidas sob demandas para contextos muito específicos e para leitores com formações e interesses variados. Desse modo, é fundamental ter uma visão crítica e ampla sobre as circunstâncias do ofício antropológico realizado fora do mundo acadêmico tendo em vista os efeitos do conhecimento produzido em diferentes situações etnográficas.

É também imprescindível refletir sobre o compromisso ético no ofício antropológico, dentro e fora da academia. As preocupações éticas ganham ainda mais relevância frente aos complexos processos políticos que envolvem muitos dos temas pesquisados pela Antropologia contemporânea, pois a produção de conhecimento se dá na interlocução com povos e comunidades há muito atacados e invisibilizados frente aos interesses de setores poderosos da sociedade. Há no ambiente acadêmico uma ênfase em pesquisas com minorias sociais, a partir do ponto de vista dos que são afetados por tais projetos e políticas. Não à toa o estranhamento, dentro do próprio campo antropológico, em relação ao envolvimento com setores das elites, instituições, grupos ou classes politicamente dominantes[64].

Contudo, a atuação *extramuros* não pode ser confundida ou reduzida a uma militância política, tampouco à aplicação de conjuntos de técnicas e procedimentos, pois os profissionais dedicados à intervenção na prática cotidiana também são produtores de conhecimento. Suas iniciativas podem suscitar avanços teórico-metodológicos, refinar repertórios e atualizar antigos procedimentos. Afinal, boas etnografias permanecem, independente das conjunturas políticas e filiações teóricas de seu contexto de produção.

Para mostrar como a separação destes domínios – entre ciência e ação, reflexão e intervenção, conhecimento puro e aplicado – é tênue, serão abordados, no decorrer deste capítulo, alguns experimentos metodológicos que articulam produção de saber, investigações sob demanda e formas de intervenção social. No capítulo anterior fez-se uma reflexão, a partir de estudos e pesquisas desenvolvidos pelo LabNAU (USP) sobre o processo de elaboração de um protocolo de pesquisa, sistematizado a partir da pesquisa realizada no Sesc.

---

64. Antropólogos e antropólogas têm atuado como consultores e assessores em obras de desenvolvimento, principalmente com estudos e avaliações de impactos ambientais e sociais em ações da administração pública, muitas das quais têm provocado violências em territórios de povos indígenas, quilombolas, ribeirinhos, camponeses e populações realocadas. O envolvimento em processos de licenciamento ambiental de obras como usinas hidrelétricas, construção de rodovias levanta inúmeros dilemas epistemológicos e éticos. Cf., a propósito, Zhouri e Oliveira (2013). Para mais informações sobre o Código de Ética na Antropologia, acessar http://www.portal.abant.org.br/codigo-de-etica/

Serão abordadas três experiências de pesquisa que se aproximam de um modelo de *etnografia coletiva*, similar ao delineado nos dois capítulos anteriores, mas que, por conta de suas particularidades, exigem que o desenho metodológico seja constantemente atualizado. Neste exercício de transpor uma metodologia de uma disciplina reconhecida por sua vocação acadêmica para um cenário *extramuros*, faz-se necessário repensar as estratégias de abordagem etnográfica.

Portanto, as três pesquisas aplicam novas estratégias etnográficas em seus trabalhos, coletivos e compartilhados com outros profissionais, com o objetivo de atender a demandas de diferentes grupos e entidades. Assim, diante da ampliação e diversificação de temas, abordagens e públicos, que dinamizam e atualizam a Antropologia, a realização de novos experimentos metodológicos permite refletir sobre as expectativas, efeitos e controvérsias de uma Antropologia *extramuros*.

Etnografia coletiva sobre os danos aos bens imateriais na Bacia do Rio Doce

Em 2018, uma equipe de nove pesquisadores vinculados ao LabNAU foi criada para fazer o levantamento dos danos aos bens imateriais nas localidades atingidas pelo desastre socioambiental decorrente do rompimento de uma barragem de rejeitos sob responsabilidade da Samarco Minerações S/A. O evento ocorreu em novembro de 2015 e despejou uma quantidade gigantesca de rejeitos no Rio Doce, desde Mariana (MG) até chegar à foz, em Regência, no litoral capixaba. Além das inumeráveis perdas materiais e ambientais, a tragédia humana decorrente do desastre também teve uma série de desdobramentos, dentre eles os danos causados ao patrimônio cultural imaterial das populações atingidas.

Esta pesquisa, realizada para o "Projeto de avaliação de impacto aos bens arqueológicos e culturais decorrentes do desastre ocorrido por ocasião do rompimento da Barragem de Fundão, em Mariana, Minas Gerais"[65], constituiu um desafio no sentido de exigir um refinamento dos instrumentos metodológicos da etnografia para responder a questões do universo jurídico, pois o convite partiu da Zanettini Arqueologia, empresa especializada em gestão de recursos arqueológicos, históricos e culturais, que, por sua vez, foi contatada pela Lactec – Pesquisas tecnológicas por solicitação do Ministério Público Federal.

O primeiro impacto sentido pelos pesquisadores foi a paisagem no distrito de Bento Rodrigues, o primeiro local atingido pelos rejeitos:

> Atualmente, Bento Rodrigues é uma área em ruínas [...], cercada e vigiada por funcionários da Samarco e, portanto, de acesso restrito, o que gera grande descontentamento por parte dos antigos moradores que a visitam com alguma frequência. Na parte baixa, atingida diretamente pelos rejeitos, vê-se um

---

65. O relatório final (INSTITUTOS LACTEC, 2020) foi tornado público e pode ser acessado online: http://www.mpf.mp.br/grandes-casos/caso-samarco/documentos/relatorios-lactec/tomo-v-patrimonio-cultural-bens-imateriais.pdf

cenário de casas destruídas, muitas ainda cobertas de lama. Na parte alta, que não foi diretamente atingida, é possível observar que as residências foram saqueadas, com a retirada de objetos, janelas, portas e telhados. Há duas igrejas ali: a Capela Nossa Senhora das Mercês, na parte alta, e a Capela de São Bento, na parte baixa, essa última está cercada por tapumes e mantida sob uma estrutura de ferro coberta com lona. A nova barragem, construída às pressas após o desastre, resultou em um grande lago artificial, cobrindo terrenos e casas localizadas em seu entorno. Pelo território há diversos avisos e placas espalhados que indicam as rotas de fuga para o caso de um novo rompimento da antiga barragem (trecho do relatório etnográfico elaborado pela equipe do LabNAU, INSTITUTOS LACTEC, 2020: 67).

A pesquisa pretendeu embasar a argumentação do Ministério Público Federal na ação contra a empresa responsável pelo desastre e para tanto era preciso levantar evidências que subsidiassem diagnósticos acerca dos danos aos bens culturais imateriais e municiassem possíveis medidas judiciais de ressarcimento. Seria necessário coletar dados e informações para verificar as alterações nas práticas culturais e modos de vida das populações afetadas, identificar os danos pela visão dos agentes e grupos locais e, finalmente, dimensionar as implicações do desastre ao patrimônio cultural imaterial para efeitos de compensação.

O desafio era, a partir do ponto de vista antropológico, articular a noção de patrimônio como definido pelo Instituto do Patrimônio Histórico e Artístico Nacional (Iphan) que engloba: *celebrações* (festas de caráter comemorativo e extraordinárias em relação à vida cotidiana), *formas de expressão* (manifestações e *performances* culturais), *lugares* (territórios de referência para as práticas culturais) e *ofícios, saberes e modos de fazer* (técnicas e conhecimentos tradicionais e locais) – com as categorias e o linguajar próprio das ciências jurídicas.

Cabe ressaltar que os antropólogos estavam em contato com os demais integrantes do projeto – arquitetos, arqueólogos –, para quem os danos eram mais que evidentes: o desastre atingiu edificações, igrejas, capelas e cobriu de lama sítios arqueológicos. Mas como dimensionar a impossibilidade de realizar a Festa do Divino ou a Folia de Reis – que não se resumem ao dia da celebração, pois são preparadas ao longo do ano com procissões, visitas aos domicílios dos devotos para as rezas e recolha de doações? O alagamento dos campinhos de futebol tampouco se resume a um dano material, mas implica o cancelamento dos torneios, das torcidas etc. O mesmo se verifica com as pescarias, mais do que o evidente prejuízo econômico e falta de peixe nas mesas.

Como evidenciado, havia uma estreita relação entre o dano ao bem material – a destruição ou interdição de uma igreja, por exemplo – e a impossibilidade de realizar as celebrações tradicionais, o que colocava a necessidade de um diálogo entre arquitetos, antropólogos e historiadores na descrição e alcance do dano.

Ao longo da pesquisa inúmeros desafios se colocaram: percorrer, em cerca de dois meses e meio, mais de 600km do Rio Doce, passando por 27 municípios e 59 localidades – centros urbanos, comunidades rurais, vilas de pescadores – afetadas em seu modo de vida tradicional dada a impossibilidade de manter, em parte ou em sua totalidade, as relações de vizinhança, rituais coletivos, celebrações tradicionais, formas e locais de convívio. Esse contexto de investigação estava permeado por um emaranhado de conflitos, tensões e negociações que reunia atores sociais extremamente desgastados, fragilizados e por isso mesmo desconfiados com a presença externa de pesquisadores, agentes do poder público e judiciário.

Diante da complexidade e magnitude dessa tarefa e o curto tempo estabelecido, os procedimentos do protocolo de etnografia coletiva, já abordados no capítulo anterior, tiveram que ser então ajustados aos novos contextos e demandas: seleção de bens e planejamento de campo; construção de novos instrumentais de observação e registro; coleta de dados e informações; organização de dados de campo; análise final dos dados. Diversas técnicas de pesquisa relacionadas ao *métier* antropológico – observação direta, registros escritos, entrevistas em profundidade, reuniões, registro fotográfico – serviram de referência para o trabalho de campo e coleta de dados, mas precisaram ser adaptados às necessidades da demanda do Ministério Público, através da elaboração dos instrumentais e fichas sobre cada localidade e bem avaliado, de modo que pudessem ser utilizados como provas e subsidiar a argumentação jurídica.

A equipe desenvolveu três instrumentais para preenchimento dos dados levantados durante o trabalho de campo: o *instrumental de bem*, que era utilizado quando se recebiam informações relacionadas aos bens imateriais inventariados e possíveis novos bens; o *instrumental de localidade*, que permitia a anotação de informações referentes ao território que não estavam relacionadas a um bem específico; e o *instrumental de instituição*, utilizado para as ocasiões em que eram realizadas incursões a campo formais em instituições como prefeituras e secretarias.

Além de cumprirem a função do tradicional caderno de campo – que, como visto no capítulo 4, serve para o registro pessoal do pesquisador –, os instrumentais também serviam como roteiros, estruturados a partir de documentos do Iphan (2013) sobre patrimônio, que norteavam o olhar da equipe em campo. Esses instrumentais traziam ainda informações essenciais para o processo jurídico, como os pesquisadores responsáveis pelos dados, o ponto de GPS do bem ou da localidade visitados, data e hora que as informações foram coletadas, arquivos de fotos e gravações e, por fim, dados dos interlocutores (nome completo e RG, assinatura do termo de consentimento).

A primeira providência foi organizar a etapa piloto, com uma semana de duração, realizada em agosto de 2018, no formato de uma *expedição etnográfica*, com o objetivo de pôr à prova e readequar as estratégias, procedimentos e ferramentas metodológicas escolhidas de acordo com as condições encontradas em campo. A Expedição Rio Doce, como foi denominada, reuniu pesquisadores das várias equipes – antropólogos, arquitetos, arqueólogos – e percorreu toda a região impactada pelo rompimento da barragem de rejeitos, começando pelo final, em Linhares (ES), em direção ao distrito de Bento Rodrigues, no município de Mariana (MG).

Esse exercício, de caráter exploratório para uma primeira aproximação com os territórios e bens selecionados, propiciou uma visão panorâmica e multidisciplinar sobre o patrimônio material e imaterial, bem como sobre a desestruturação de "modos de vida" da área impactada, além de alinhar as perspectivas e métodos das diversas equipes para o restante do trabalho de campo, com a validação das novas estratégias e instrumentais da abordagem etnográfica.

Paralelamente, as observações também ofereceram um primeiro conjunto de pistas e eixos temáticos que contribuiu para sistematizar as etapas seguintes da pesquisa etnográfica nos territórios delineados, inclusive otimizar os deslocamentos em campo e o levantamento das informações.

A expedição foi o ponto de partida da pesquisa estruturada por três períodos de trabalho de campo[66], cada um deles voltado a um trecho do território pesquisado: o primeiro território na região de Mariana (MG), diretamente afetada pelo desastre; o segundo abrange o médio Rio Doce, de Ipatinga a Resplendor; por fim, os municípios do Espírito Santo, de Baixo Guandu à foz do Rio Doce, no litoral capixaba.

---

66. Foram realizadas quatro idas a campo, em 56 dias de trabalho, ao longo de quatro meses. A equipe era composta por quatro pesquisadores trabalhando com dedicação integral em campo, além de mais três pesquisadores responsáveis por sistematizar e analisar os dados coletados pela equipe de campo.

Como pré-campo, para cada um desses territórios foi realizada uma pesquisa preliminar sobre o histórico de cada município e os relatos de danos em cada um desses contextos, bem como um levantamento dos bens culturais listados previamente, com destaque para os imateriais e aqueles localizados em comunidades à margem do rio e que, portanto, teriam sofrido mais diretamente as consequências do desastre. Com base nestes parâmetros, foram delimitadas as localidades visitadas, inclusive com o estabelecimento de contatos prévios com interlocutores institucionais nos municípios contemplados pela pesquisa, e cronogramas para cada um dos períodos em campo.

Ao longo do trabalho de campo, os pesquisadores entraram em contato com uma série de interlocutores – principalmente aqueles com conhecimento das práticas culturais e modos de vida locais –, com os quais travaram conversas acerca do desastre, das transformações nas dinâmicas das localidades, dos danos provocados aos bens culturais e das consequências nos modos de vida da população local[67]. Além da coleta de relatos dos moradores e de atores institucionais, os pesquisadores também fizeram registros fotográficos e acumularam outros tipos de materiais, como fotografias antigas, recortes de jornal, panfletos, entre outros. Tratando-se de uma pesquisa coletiva e compartilhada, as impressões iniciais dos pesquisadores foram também ob-

---

67. Ressalte-se que durante essas interações os interlocutores sempre eram informados dos objetivos da pesquisa e convidados a assinar um termo de livre-consentimento e autorização de uso de imagem, depoimentos e voz.

jeto de discussão, tanto informalmente, durante o período de campo, como em reuniões posteriores.

As informações coletadas nos instrumentais e as reflexões coletivas foram reelaboradas e transpostas para fichas de bens e localidades, constituídas como evidências etnográficas para subsidiar os diagnósticos dos bens imateriais afetados pelo desastre. Assim como o instrumental se assemelha ao caderno de campo, as fichas, no caso dessa pesquisa, substituíram o tradicional relato de campo, apresentando os dados de forma mais estruturada, além de trazer alguns elementos analíticos em sua escrita. Cada ficha era uma construção textual que não somente narrava fatos mas, antes de tudo, buscava interpretar e tornar inteligíveis os sentidos dados pelos interlocutores àquilo que fazem ou dizem cotidianamente.

Na ficha de localidade as informações eram organizadas em tópicos: descrição da localidade; histórias sobre a relação com o rio; descrição sintética do desastre; histórias relacionadas ao desastre e suas consequências. Já a ficha de bem era organizada em: resumo das informações do bem; descrição geral e analítica; e apontamentos sobre os danos sofridos. Em ambos os documentos também eram apresentados os dados dos interlocutores e os termos de consentimento, os pontos de GPS das informações coletadas e arquivos de imagem.

A organização dos dados coletados em fichas de bem e localidade, cuja totalidade reunia um *corpus* significativo de informações acerca dos danos sofridos pelos bens culturais imateriais, subsidiou a etapa seguinte de aprofundamento da análise desses dados, apontando para recorrências, regularidades e linhas interpretativas[68].

A partir da multiplicidade de percepções acerca dos danos, a pesquisa buscou produzir um texto interpretativo que atendesse às demandas e objetivos do estudo. Para o relatório final foram elaboradas narrativas etnográficas devidamente sistematizadas e articuladas com o intuito de compor o documento a ser acionado como base e referência para a argumentação jurídica no processo decisório. Nesse processo, os dados etnográficos foram reelaborados em forma de argumentos e critérios objetivos de classificação com vistas a orientar a atuação de profissionais de outras áreas e saberes aplicados fora do mundo acadêmico.

Alguns trechos presentes no relatório, elaborados a partir dos instrumentais de campo, demonstram algumas das problemáticas que foram identificadas, como os diversos impactos socioambientais a um rio que virou "lama", o isolamento da população após o desastre, a destruição de equipamentos locais e, no que se refere ao interesse direto da pesquisa, os danos aos bens culturais da bacia do Rio Doce:

> Em Ponte do Gama, a lama chegou pelo vale do Rio Gualaxo, soterrou a Cachoeira do Gama, inundou uma casa de um sítio localizado na área mais baixa da localidade, destruindo o pasto e animais.

---

68. Primeiro, foi realizado um panorama de cada município a partir de narrativas sobre os danos sofridos em cada localidade. Em seguida, os bens foram descritos com foco em suas condições pretéritas ao desastre e na relevância para a população local. Por fim, foram elaboradas as narrativas etnográficas em paralelo à identificação dos danos aos bens com base na Matriz de Danos.

A maioria das casas não foi atingida por estarem em áreas altas, mas a população ficou isolada por conta da destruição da ponte sobre o Rio Gualaxo, que impediu o acesso dos habitantes de Ponte do Gama a Monsenhor Horta, principal localidade de referência para a comunidade.

O desastre gerou danos aos principais centros de referência dos habitantes locais – a arena de cavalgada e a cachoeira –, mas também modificou a relação dos moradores com o rio e dentro da própria comunidade. Os moradores relatam que a população adoeceu após o desastre: "quem não estava doente, adoeceu e quem já tinha algum problema, piorou" (trecho do relatório etnográfico elaborado pela equipe do LabNAU, INSTITUTOS LACTEC, 2020: 76).

A onda de rejeitos que chegou ao município provocou a supressão de inúmeros espaços relacionados às práticas culturais realizadas no Rio Doce, como as atividades de lazer e pesca. Lugares com os quais os moradores mantinham laços afetivos, como relata o interlocutor 11304: "O rio antigamente era muito cheio. Essa coisa de o rio ir morrendo já é de muito tempo, não é de agora. Ele foi assoreando e ninguém estava descobrindo. Agora o Rio Doce está todo aterrado, está cheio de minério, tem todo material pesado dentro desse rio. Se você vira a lama na beirada do rio fica aquela lama toda. Os peixes que a gente pega vêm tudo ferido, agora depois de estourar essa barragem entrou a poluição mesmo no rio. Até passarinho a gente ainda acha morto até hoje. Muita coisa aconteceu, se eu for contar história pra você não acabo nunca. Foi o mesmo de eu ter perdido um ente querido, sabe por quê? Nós sempre compramos as nossas coisas trabalhando no Rio Doce, tudo veio do Rio Doce. O Rio Doce virou amargo (trecho do relatório etnográfico elaborado pela equipe do LabNAU, INSTITUTOS LACTEC, 2020: 413).

Tais narrativas não tinham como objetivo reconstruir toda a complexidade dos bens afetados, tampouco se limitavam a reproduzir uma única percepção sobre danos. São construções textuais que englobam múltiplas versões sobre um mesmo fato ou evento, podendo inclusive apresentar divergências dentro do próprio grupo. Construídas a partir dos pontos de vista dos interlocutores, as narrativas etnográficas visavam, sobretudo, subsidiar as próximas etapas do projeto, voltadas à mensuração e valoração econômicas dos danos causados, bem como a adoção de medidas administrativas e jurídicas para minimizar e indenizar os danos sofridos.

Portanto, tendo em vista as especificidades desta pesquisa – realizada para identificar e caracterizar danos ao patrimônio cultural imaterial em um complexo cenário marcado por disputas, tensões e negociações –, foi necessário reavaliar o modo como a prática etnográfica pode ser aplicada em contextos de desastre. Apesar de pautar-se por um protocolo diferente daquele seguido na prática acadêmica, a pesquisa se orientou pelos mesmos procedimentos de comprometimento ético e rigor científico da reflexão antropológica clássica, visando coletar informações confiáveis e dados consistentes, ao mesmo tempo em que não abdicou de uma reflexão conceitual já consolidada para assim poder dar conta dos novos impasses encontrados.

O fortalecimento da prática antropológica para a agenda de pesquisa em tais contextos, vinculada ao subcampo de pesquisa chamado Antropologia do Desastre, pode contribuir para a compreensão dos modos como os afetados respondem e lidam com o processo de reconstrução e recuperação frente aos impactos sociais e culturais de curto, médio e longo prazos. Neste quadro, a Antropologia pode e tem o dever de propor a construção de formas de ação e estabelecimento de arranjos institucionais que superem uma lógica apenas reativa de mitigação e compensação monetária, atualmente observadas em medidas reparatórias acionadas diante das alterações drásticas a que foram submetidos os modos de vida das populações locais e dos danos causados aos bens culturais imateriais.

Duas observações finais a propósito das expectativas por parte do Ministério Público sobre o resultado do levantamento etnográfico. Em primeiro lugar, foi solicitado que a equipe entregasse os cadernos de campo como forma de comprovação das observações – tal como se espera dos registros de sítios arqueológicos, edificações etc. o chamado patrimônio material. Foi preciso então argumentar que esse instrumento da pesquisa antropológica é confidencial, tal como foi exposto na discussão desenvolvida neste livro; os dados fornecidos para o relatório final certamente cumpririam essa função. Por outro lado, havia a expectativa de que os danos ao patrimônio imaterial fossem claramente quantificados, para efeitos de ressarcimento. Questão bastante delicada, pois quanto valeria a impossibilidade de realizar tal ou qual festa tradicional em razão do desastre? Não que fosse impossível ressarcir (e certamente é justo que o seja), mas para isso seria necessário um outro tipo de abordagem para ouvir de que formas os atingidos demandariam uma justa compensação.

Etnografia coletiva multilocalizada: Escolas Ativas no Brasil

Além das estratégias que envolvem pesquisadores compartilhando o campo ao mesmo tempo, como as descritas até aqui, a *etnografia coletiva* também pode ser adaptada para contextos de pesquisa em que a equipe se divide por diferentes localidades e cada *pesquisador* realiza individualmente a imersão em campo a partir de princípios norteadores comuns e com um processo de troca e análise construídos coletivamente. Esse é o caso de uma pesquisa, fruto da parceria entre o Programa das Nações Unidas para o Desenvolvimento (Pnud) e o Instituto Nacional de Estudos e Pesquisas Educacionais Anísio Teixeira (Inep), que tinha por objetivo estabelecer o conceito de Escola Ativa[69] para o contexto brasileiro e definir seus respectivos

---

69. "Escola Ativa" tem sido definida como um espaço físico e social que promove um conjunto de experiências corporais suficientes e significativas para estimular um comportamento ativo ao longo de toda a vida das pessoas: 1) na escola, pelas aulas de Educação Física e de outras disciplinas, recesso escolar e atividades extracurriculares; 2) a partir da escola: nas suas relações com outras instituições e momentos de vida dos alunos e da comunidade escolar.

indicadores, para orientar e apoiar análises e proposições de políticas educacionais[70].

Em 2016 uma equipe de quatro antropólogos se uniu a um grupo maior de pesquisadores – das áreas da Educação Física, Psicologia e Biologia[71] – com a tarefa de compreender as experiências dos alunos relacionadas às atividades físicas e esportivas e a corporalidade em diversos contextos presentes nas escolas brasileiras. Para isso, seguindo a proposta de uma "etnografia multissituada" (MARCUS, 1998), foram realizados trabalhos de campo em vinte escolas de todas as regiões do Brasil, uma semana de imersão em cada uma delas. Apesar de representarem apenas uma amostra das escolas brasileiras, procurou-se diversificar ao máximo os contextos de pesquisa, levando em conta os níveis de ensino da educação básica (do Ensino Infantil ao Médio), a região geográfica (Sul, Sudeste, Centro-oeste, Norte e Nordeste), o tipo de estabelecimento (privado ou público), além de escolas em regiões rurais e urbanas e em comunidades tradicionais.

---

70. O projeto intitulava-se: *Indicadores contextualizadores e convergentes para a compreensão de experiências escolares significativas em termos de aprendizagens e desenvolvimento nas dimensões formativas relacionadas com a prática de atividades físicas e esportivas.*

71. A pesquisa teve coordenação geral de Paula Korsakas, do Programa de Desenvolvimento Humano pelo Esporte (Prodhe)/USP. A pesquisa etnográfica, especificamente, foi coordenada pelo antropólogo Enrico Spaggiari e contou com um treinamento em etnografia realizado por Enrico Spaggiari, Mariana Hangai Vaz Guimarães Nogueira, Rodrigo Valentim Chiquetto e Yuri Bassichetto Tambucci. Para mais detalhes sobre a pesquisa e a equipe completa, conferir o Caderno de Desenvolvimento Humano sobre Escolas Ativas no Brasil (2016) [Disponível em https://www.undp.org/content/dam/brazil/docs/publicacoes/pessoas/caderno-de-desenvolvimento-humano-sobr e-as-escolas-ativas-no-brasil.pdf].

Tendo em vista que a equipe era composta por pesquisadores de diversas áreas, inicialmente foi realizado um processo de formação em pesquisa etnográfica em que o grupo de antropólogos/as promoveu discussões sobre a origem do método e suas premissas; sobre as etapas e procedimentos da pesquisa; além de compartilhar estratégias sobre a aproximação e contato com interlocutores, formas de observar, posição do etnógrafo em campo, instrumentos de trabalho e produção de relatos e análise. Embora a maior parte dos pesquisadores não tivesse experiência com o método proposto, destaque-se que o caráter multidisciplinar da equipe contribuiu de forma decisiva para a riqueza da coleta de dados etnográficos.

A etapa de formação também teve como objetivo refinar a proposta de uma prática etnográfica coletiva, amparada por teorias, conceitos e hipóteses em comum, visando a análise e comparação de vinte escolas selecionadas a partir dos dados coletados em uma etapa anterior do projeto[72]. Estes procedimentos de pré-campo permitiram à equipe de pesquisadores levantar temas importantes para serem observados durante o trabalho de campo e compreender as singularidades de cada escola, para então estabelecer estratégias diferentes para cada uma delas, respeitando as características de cada recorte.

---

72. Primeiramente foram discutidos os resultados de uma etapa anterior da pesquisa que já estava concluída, uma sondagem telefônica, realizada pelo Inep, que levantou informações junto aos gestores de quase 600 escolas brasileiras sobre elementos estruturais, organizacionais e pedagógicos relativos ao conceito preliminar de Escola Ativa.

Ao longo de um mês, dez pesquisadores/as dividiram-se e percorreram vinte escolas brasileiras, cada um deles/as responsável por acompanhar individualmente as dinâmicas de duas escolas. Em campo, os pesquisadores não somente conversaram com diversos interlocutores (diretores, coordenadores pedagógicos, professores, estagiários, funcionários, alunos, alunas, familiares e moradores do entorno), como também observaram e participaram de atividades da rotina escolar, atentando-se para questões institucionais – como regras, conceitos e projeto pedagógico –, bem como para o cotidiano escolar: as vivências, motivações, categorias êmicas, sociabilidades e relações entre os diferentes atores sociais. Para isso, transitaram tanto entre os diferentes espaços (dentro e fora da escola) como também circularam nos diversos níveis da estrutura institucional da unidade.

Dentre toda a diversidade de temas que se associam à questão do corpo e dos espaços escolares no Brasil, vale a pena trazer alguns exemplos de relatos de campo de duas escolas de Rondônia e Goiás.

> Na hora do almoço, como nos dias anteriores, os alunos que viviam na vila foram almoçar em suas casas e ficaram na escola os alunos do sítio. Almocei com os alunos do sétimo ano e depois fomos para o parquinho brincar. As brincadeiras eram das mais variadas: empurrar pneus, ir ao balanço improvisado nas árvores, pega-pega... As meninas subiram em um grande tronco de árvore que estava caído no chão e disseram que era um cavalo. Na árvore maior alguns meninos penduraram uma tábua com duas cordas e começaram

a brincar de peão. O objetivo era ficar o maior tempo balançando sem encostar o pé no chão. As brincadeiras aconteciam livremente sem qualquer supervisão (trecho de relato de campo, Vale do Anari (RO), 2016).

Cheguei à escola e vi muitos pais circulando pelo "tablado branco", espaço comum das turmas do Ensino Infantil. Ao longo da semana percebi essa grande liberdade dos pais no momento de entrada e saída, indo até mesmo para dentro das salas de aula com seus filhos. Apesar de comum, não era obrigatório. O ritual de entrada envolve as turmas se encontrarem na sala para seguir logo em fila para o tablado branco, onde pais, alunos, professoras e funcionários se reúnem para a oração. É um momento também de recados entre direção e pais e de comemoração dos aniversários do dia, com um "parabéns a você" estilizado: *Parabéns pra você / Levo as mãos para o céu / Com o amor de Maria / E a bênção de Deus* (trecho de relato de campo, Pires do Rio (GO), 2016).

Entre as duas idas a campo de cada pesquisador e posteriormente a elas foram realizados encontros presenciais entre os pesquisadores para debater as questões e situações levantadas no trabalho de campo, inclusive para reavaliar antigos e novos procedimentos a partir das experiências nas primeiras escolas. Ao final da etapa de campo, os pesquisadores dedicaram-se à produção dos relatos, que foram apresentados e debatidos de forma coletiva, ampliando as potencialidades da prática etnográfica durante o período relativamente curto de permanência em cada escola. As reuniões da equipe foram fundamentais para discutir a pertinência dos eixos temáticos de observação e a possibilidade de derivar um conjunto de categorias de classificação a partir deles. Um dos objetivos era esboçar um vocabulário comum a ser aplicado nos relatos, não no sentido de padronizar seus elementos descritivos, mas como estratégia para facilitar a conexão entre os textos de diferentes pesquisadores e orientar a indexação no software de análise qualitativa MaxQDA[73].

A pesquisa etnográfica nas vinte escolas permitiu analisar significados e valores atribuídos, nos diferentes contextos, às atividades físicas realizadas e promovidas dentro da instituição escolar. Porém, para evitar a produção de um quadro fragmentado, em que cada escola constitui um universo denso e fechado em si, buscou-se identificar regularidades que tornam o conjunto heterogêneo das vinte escolas comparável, além de permitir análises mais abrangentes sobre o tema. Assim, a partir de eixos comuns – *características locais, família, gênero, geração, regras e formas de controle, concepções sobre a Educação Física* e *infraestrutura das unidades escolares* – foi possível compor um quadro mais profundo sobre movimento, corporalidade e atividade física no âmbito escolar. E, mais do que isso, observar como uma noção do que é ser ativo nas escolas é elaborada por meio de constantes negociações entre es-

---

73. O processo de codificação utilizando um software de análise de dados qualitativos facilita a análise e comparação de dados etnográficos, especialmente em investigações com vários pesquisadores. Esse procedimento e o software utilizado já foram abordados anteriormente no capítulo 6.

tudantes, professores, gestores, familiares e toda a comunidade escolar.

Aula de Educação Física em escola estadual no Vale do Anari (Rondônia)
Registro em 2016
Autoria de Mariana Hangai

Crianças brincando no horário de intervalo em escola estadual no Vale do Anari (Rondônia)
Registro em 2016
Autoria de Mariana Hangai

A etnografia confirmou que é muito difícil dissociar as escolas dos contextos sociais onde estão localizadas, pois são extensões das comunidades que as cercam. Como microcosmos das relações locais, citadinas e familiares, olhar para as escolas ajuda a entender as dinâmicas urbanas ou rurais, bem como o inverso, pois o espaço escolar desponta também como um local estruturante nas localidades pesquisadas. Algumas escolas, principalmente no caso das pequenas cidades e vilas, atuam intensamente na comunidade do entorno, tornando-se centros de referência para moradores da área, tanto como pontos de encontro e centros de convivência para estudantes, familiares e moradores do entorno quanto espaços de segurança para os estudantes (inclusive para além dos horários de aulas).

Os contextos sociais visitados apresentavam diferentes características geográficas, econômicas e sociais: áreas urbanas, zonas agropecuaristas, localidades litorâneas, áreas turísticas, regiões marcadas pelo conflito pela terra, entre outros. O incentivo ou desestímulo às vivências corporais ativas e práticas esportivas dos estudantes não são exclusividade das escolas, mas também estão ligadas às características e dinâmicas das vilas, bairros e cidades. Portanto, os modos de ser ou não ativo revelam-se não só nas diversas práticas corporais realizadas nas escolas, como também nas posturas e comportamentos adotados no cotidiano dos bairros e vilas.

Um exemplo emblemático dessa relação pode ser observado no caso de comunidades marcadas pela violência, tanto urbana quanto por questões fundiárias, nas quais impunha-se, muitas vezes, uma conduta corporal contida como recurso de preservação da vida, o que também era reproduzido no ambiente escolar e no discurso dos educadores e, por vezes, gerava situações e conflitos com os estudantes. Por outro lado, nestes contextos de violência e, principalmente, de risco social, a escola é tida como um dos poucos (senão o único) espaços seguros e confiáveis para as crianças e jovens. Já nas cidades pequenas pode-se notar uma maior interação entre os frequentadores das escolas e um papel de destaque das unidades escolares nos contextos em que estão localizadas, constituindo forte vínculo entre escola e comunidade.

O ensino do método etnográfico: a experiência de formação nos CEUs – Centros de Educação Unificada

Para além de seus resultados, as pesquisas anteriores enfatizaram também a importância de compartilhar o conhecimento antropológico e os procedimentos metodológicos para um público mais amplo, vinculado a outras áreas de atuação e pouco familiarizado com os métodos da Antropologia. O projeto relatado a seguir mostra este caso a partir de uma solicitação da Coordenadoria dos Centros Educacionais Unificados (CoCEU) da Secretaria Municipal de Educação de São Paulo. Realizada na forma de consultoria[74] para treinamento de profissionais das

---

74. A consultoria para o processo de formação etnográfica para todos os 46 CEUs do município de São Paulo foi realizada nos anos 2018, 2019 e 2020 por Ana Letícia de Fiori, Enrico Spaggiari, Leslie Lopes Sandes, Mariana Hangai, Rodrigo Chiquetto e Yuri Bassichetto Tambuci, sob a coordenação de José Guilherme Cantor Magnani.

comissões de pesquisa dos 46 CEUs da capital paulista que, naquele momento, estavam envolvidos com o projeto "CEU – Memórias e Ação".

É conveniente, para avaliar o alcance do trabalho realizado pela equipe de pesquisadores, apresentar alguns antecedentes da inovadora proposta dos Centros Educacionais Unificados, implementados na cidade de São Paulo a partir do ano de 2003. Na verdade, não tão inovadora assim, pois há que se lembrar da experiência dos Cieps (Centros Integrados de Educação Pública) no Rio de Janeiro, ao longo das gestões do Governador Leonel Brizola (1983-1986 e 1991-1994), proposta educacional de Darcy Ribeiro que previa o ensino público de qualidade em período integral e com projeto arquitetônico de Oscar Niemeyer.

Em São Paulo o cuidado com a proposta pedagógica e com o equipamento físico dos CEUs também foram constantes na iniciativa da gestão da então prefeita, Marta Suplicy (2001-2004), pois o objetivo era levar para a periferia da cidade, marcada pelas carências, um equipamento inovador, de qualidade. Tendo como justificativa inicial o projeto pedagógico desenvolvido por Paulo Freire na gestão Luiza Erundina em São Paulo (1989-1992), a chamada "cidade educadora", os CEUs são dotados – além dos elementos habituais de uma escola – de anfiteatro, ateliês, biblioteca, quadra de esportes, piscina, assegurando assim o acesso ao conhecimento de diversas linguagens artísticas, ao esporte, à recreação, ao lazer.

Nesse contexto, o projeto "CEU, Memórias e Ação" foi idealizado visando potencializar os equipamentos dos

CEUs como espaços integradores e integrados ao território urbano, através do resgate e organização das memórias de cada unidade e do entorno no qual estão inseridos, além de firmar a função destes equipamentos como guardiões e promotores das histórias dos bairros em que se localizam. O processo começou em maio de 2017, seguiu até 2020 e uma das diretrizes era realizá-lo de forma coletiva, articulando todos os atores envolvidos: crianças, jovens, idosos, estudantes, professores; desse modo, o projeto esperava se afastar de uma narrativa apenas institucional de CEU, trazendo outras perspectivas que reconhecessem e valorizassem a participação da comunidade na história da instituição.

Assim, as atividades de formação dos participantes foram dedicadas ao processo de sensibilização para o olhar etnográfico, de modo que os próprios gestores, funcionários, professores e estudantes pudessem inserir esta metodologia em seus procedimentos de coleta e análise de dados. O modelo adotado, com base em pequenos grupos formados por integrantes de cada unidade, previa o contato entre eles e outros atores do entorno como artistas locais, coletivos culturais, moradores ou visitantes de regiões mais distantes que incluía conversas, caminhadas conjuntas, participação em atividades comuns e observação dos *cenários, atores e regras*.

Realizado em apenas um dia, durante o período de funcionamento diário das unidades, o processo de formação foi dividido em três etapas: *workshop* teórico-metodológico de pesquisa etnográfica durante a manhã; *cami-*

nhada etnográfica no entorno da unidade no período vespertino; e debate em grupo, ao final do exercício, sobre o que fora visto em campo. Como parte da preparação para o treinamento, a equipe de antropólogos elaborou um breve dossiê sobre cada equipamento, com referências e informações básicas, tais como principais características do entorno, disposição dos equipamentos nos bairros, formas de acesso e detalhes sobre seu espaço físico. O mapeamento prévio foi fundamental para a aplicação da metodologia do processo de formação de acordo com as características de cada unidade, ampliando as potencialidades da prática etnográfica durante o período relativamente curto de permanência na unidade.

As *caminhadas etnográficas* foram realizadas pelos entornos das unidades. Ali eram estabelecidos contatos com moradores do bairro e outros atores sociais que vivenciam as rotinas da instituição para apreender alguns dos muitos pontos de vista sobre o que é feito, vivenciado e praticado cotidianamente nos CEUs. A programação das caminhadas foi adaptada às condições de cada unidade e ao interesse e disponibilidade dos participantes das oficinas. Contudo, devido à multilocalidade e o período de duração do projeto, todas as caminhadas adotaram a estratégia metodológica – e também didática neste caso – de colocar vários pesquisadores em campo, compartilhando olhares e relatos em um período mais curto de tempo, imersos na dinâmica do bairro.

As caminhadas foram exercícios de deslocamento pelo espaço e pelo tempo. O ato de caminhar atentos ao cotidiano do CEU suscitava diversas lembranças aos participantes da oficina, especialmente aqueles mais antigos no bairro, inclusive funcionários da instituição, que muitas vezes atuaram como guias locais dentro e no entorno dos CEUs, engajando-se no processo de formação etnográfica. Ao longo do trajeto delineado, em meio a histórias de longa duração sobre o processo de urbanização do distrito, pequenas memórias despontavam e geravam interessantes reflexões sobre grandes mudanças ou permanências. Dessa forma, histórias do passado eram narradas para contrastar com a experiência da caminhada no presente, desfazendo certos preconceitos e catalisando novas descobertas.

Equipe de professores e funcionários do CEU Alto Alegre durante caminhada etnográfica
Registro em 29/10/2018
Autoria de Enrico Spaggiari

Grupo de professores, funcionários e agentes comunitárias de saúde durante caminhada etnográfica no entorno do CEU Navegantes
Registro em 16/10/2019
Autoria de Enrico Spaggiari

A *caminhada etnográfica* conseguia demonstrar, de forma contundente, a força da relação entre ação e memória nas práticas e representações dos próprios funcionários dos CEUs, lideranças locais e antigos moradores dos bairros. Caminhando, descobrindo, deixando-se surpreender, ouvindo "causos", acessando moradores reconhecidos na região, observando os trajetos de circulação costumeiros, ouvindo os sons dos bairros e trocando comentários, sem esquecer de registrar as observações no caderno de campo, em fotografias e outros instrumentos de pesquisa, captou-se a multiplicidaude de narrativas, histórias e memórias que dão sentido às vidas ali transcorridas, suas motivações e expectativas:

> Enquanto as moradoras se entusiasmaram em narrar histórias de formação do bairro, a equipe de professores e funcionários fazia anotações sobre a disparidade urbana do entorno, com casas mais antigas (grandes e consolidadas) e novas habitações ainda em processo de construção. Em alguns momentos a equipe interagia com crianças e adultos, os quais reconheciam como estudantes e frequentadores do CEU. Ao mesmo tempo em que demonstravam conhecimento sobre o lugar de origem de seu público-alvo, eram surpreendidos, a todo momento, pela densidade de usos do espaço e formas criativas de comércio da população local, o que revelava o dinamismo de uma área residencial repleta de igrejas evangélicas, salões de cabeleireiro e pequenos estabelecimentos comerciais, alguns deles sediados nas próprias casas dos moradores. Como notou uma das participantes, muitas residências têm plaquinhas indicando a oferta de algum tipo de serviço ou comércio, desde costura até venda de "geladinhos" (trecho de relato de campo, CEU Parque Veredas, 2020).

A caminhada seguiu até um local muito importante no bairro e para a história de vida pessoal de vários dos participantes. A Emei Rodrigo Soares Júnior foi apresentada por quem participava da caminhada: para uma, tratava-se do resultado de uma grande conquista de luta social, a primeira Emei da região; para outra, trata-se do local onde passou grande parte da sua vida, participando de sua construção, trabalhando durante grande parte de sua vida profissional no local e tendo se aposentado ali; outra participante, ex-professora e ex-diretora da Emei, encontrou amigos e antigos colegas e fez questão de mostrar um mural com fotografias de memórias da Emei. A ex-diretora encontrou uma professora atual da Emei, que a reconheceu: foram professora e aluna, duas décadas atrás. O encontro a emocionou (trecho de relato de campo, CEU Quinta do Sol, 2020).

Após retornarem à unidade, os participantes se reuniam para conversar sobre a experiência vivenciada e trocar informações. Estes momentos foram importantes para sedimentar algumas das questões observadas ao longo do período vespertino, articulando-as com alguns dos eixos metodológicos e temáticos trabalhados na oficina realizada no período matutino. Além disso, foram espaços importantes para reforçar a necessidade dos participantes, munidos de suas anotações dos cadernos de campo, contribuírem com escritas de relatos de campo e outros materiais mesmo após a finalização do processo de formação para conservar a riqueza das descrições etnográficas.

Última etapa do processo de formação, e tão fundamental quanto os momentos de preparação e observação, estes relatos de campo foram produzidos seguindo um formato combinado previamente e com base nos cadernos de campo pessoais preenchidos na forma de impressões rápidas de cada um dos participantes. Os relatos de campo viriam a compor os *livros de memórias*, um dos subprodutos do projeto, resultado desse longo e intenso processo de formação, constituídos pelos registros de cada um dos 46 Centros de Educação Unificados da cidade de São Paulo[75]. Os textos traziam as particularidades de seus muitos autores, com reflexões, linguagens e expressões próprias sobre o CEU e sua relação com o entorno, combinando as características próprias das instituições com as trajetórias de moradores de cada região da cidade.

Ainda que não fosse o objetivo da consultoria, a experiência de conhecer o conjunto dos CEUs do município e seus entornos permitiu que a equipe de antropólogos e antropólogas, para além dos resultados relacionados ao processo de formação etnográfica, tecesse suas próprias reflexões. Não se tratava de uma etnografia coletiva como as pesquisas descritas anteriormente neste capítulo, porém diversos elementos observados durante as caminhadas

---

75. Cada um dos livros de memórias apresenta a mesma estrutura, com as seguintes seções: Marcos de Memória, que traz informações sobre a história, o equipamento e o bairro, incluindo uma Linha do tempo do Ceu; Histórias de vida que contam outras histórias, em que através de entrevistas e depoimentos as histórias pessoais se misturam às da instituição; Objetos de memória, que apresenta os objetos materiais mais significativos, selecionados pela equipe, para falar sobre as memórias do CEU; CEU: Histórias e imagens, em que são as imagens e ponto de partida para trazer mais informações e narrativas sobre a unidade e a região; Memória do projeto, um registro do processo vivido pelas equipes responsáveis pelo projeto "CEU – Memórias e Ação". Coube à equipe de Antropologia escrever, com um olhar etnográfico atento (ainda que de passagem) por todas as regiões de São Paulo, um texto de apresentação e propor algumas pistas explicativas para pensar a presença do CEU em cada uma das grandes regiões em que os livros de memória foram organizados.

permitiram identificar, comparativamente, algumas diferenças entre os equipamentos e também a relação entre discursos e práticas cotidianas. Assim, as experiências daqueles que ministraram os exercícios etnográficos subsidiaram o esforço analítico de sistematização e análise das informações e narrativas recolhidas.

Quando se observa *de perto e de dentro*, mesmo que a partir de um pontual exercício de formação, emergem narrativas e histórias que falam da relação entre aquele equipamento e outros ali instalados; da chegada de cada CEU à sua região e as modificações realizadas em cada terreno; os conflitos e acordos realizados entre as diversas gestões que por ali passaram e os outros atores – internos e externos; e as diversas situações em que cada CEU teve de lidar com as várias transformações, mais ou menos estruturais, pelas quais passaram seus entornos: suas ruas, seus bairros e suas regiões.

Foram revisitadas as memórias que abordavam tempos anteriores à construção dos equipamentos, construindo narrativas sobre os modos de vida e as transformações da região. Nesses relatos, o momento de chegada do CEU no território era central e articulava uma série de elementos: as lutas populares para reivindicar a vinda do equipamento para a comunidade, a escolha do terreno que o CEU iria ocupar e as negociações e tensões para sua implementação. Essas memórias das mudanças que aconteciam até mesmo antes de suas instalações trazem pistas de como a vida das pessoas se construiu nesses espaços. O exercício de comparar as narrativas de memória dos 46

CEUs permitiu encontrar regularidades dentre as particularidades de cada história e processos de sua chegada às comunidades[76].

Nesses bairros de ocupação recente, em constante processo de atualização, os CEUs têm um papel importante, não apenas como equipamentos públicos de educação, esporte e cultura, mas também reconfigurando diversos aspectos locais, das atividades econômicas ao seu redor à rede de mobilidade urbana. Mudanças que ampliam não só o público atendido, mas também geram desafios na relação construída pelos CEUs com seus respectivos entornos. Em muitos casos essa relação é marcada por práticas de acolhimento por parte do CEU das demandas da comunidade e apropriação do equipamento pelos moradores, que o classificam como "quintal da comunidade", "um paraíso", "uma pracinha de interior". Além de importantes equipamentos educacionais, esportivos e de lazer, os CEUs são também espaços de construção de vínculos citadinos entre os atores de seus entornos com as unidades e os próprios bairros.

---

76. Os participantes das oficinas descreveram tempos em que os terrenos hoje ocupados pelos CEUs eram desvalorizados: várzeas, pântanos e áreas desocupadas onde circos e parques podiam se instalar, onde havia campos de futebol de várzea e matagais onde se empinava pipa. Tais rememorações lúdicas e festivas se misturavam às descrições desses espaços como associados a lixões, atividades criminosas, como tráfico de drogas, assassinatos e abandono de corpos. A paisagem do lazer se confundia com a paisagem da violência nesses bairros, que se conformavam ao redor desses terrenos por meio de loteamentos, projetos habitacionais do governo, mutirões de autoconstrução, e, em muitos casos, ocupações habitacionais. A ocupação desses terrenos pelo CEU é marcada pela criação de novos significados e usos, o que implica negociações e, por vezes, tensões com o papel que o terreno cumpria antes da sua chegada.

Portanto, a experiência do processo de formação etnográfica junto às equipes das unidades participantes do projeto "CEU – Memórias e Ação" permitiram perceber que os CEUs podem ser tomados como importantes centros de produção de memórias. Mas, além de recuperar lembranças de décadas passadas de um território que fez a transição de um ambiente rural para urbano, os CEUs desvelam uma cidade que continua a se refazer nas paisagens periféricas. Por ser, muitas vezes, o único grande equipamento público existente nos bairros em que são construídos, os CEUs se mantêm no tempo enquanto a paisagem urbana ao seu redor se transforma. São observatórios privilegiados das dinâmicas urbanas, do passado e do presente de seus bairros, o que possibilita uma compreensão mais profunda sobre os locais nos quais estão inseridos e de seu próprio papel nestes locais.

Perspectivas para uma antropologia extramuros

O processo de treinamento e formação em pesquisa etnográfica nos CEUs, bem como as análises daí resultantes, permitiram ampliar o campo de reflexão teórico-metodológico sobre prática e ensino de etnografia em novos contextos e situações. A sensibilização para o olhar etnográfico, dimensão singular deste experimento, sintetiza duas facetas de um fazer antropológico que pode aliar produção de conhecimento e elaboração de respostas a demandas institucionais, sociais e políticas.

Nesta acepção, os três experimentos abordados neste capítulo levantam algumas questões importantes para a compreensão do próprio ofício antropológico. São iniciativas que, sem abrir mão do rigor conceitual e metodológico que fundamentam a prática científica, promovem uma reflexão sobre a produção de um conhecimento híbrido: em novos contextos, sob outras condições de pesquisa e com as devidas mediações interpretativas, mas sempre a partir da postura crítica que acompanha o trabalho etnográfico.

> [...] talvez nenhuma outra área do conhecimento esteja tão instrumentalizada a fazer intervenções sociais de todos os tipos e, no entanto, é igualmente verdadeiro que nenhum outro campo do saber reflete tanto sobre o limite de seu ofício e se sente tão desconfortável e crítico com suas próprias práticas – interventoras ou não – quanto a Antropologia (GUEDES, 2010: 88).

A própria disciplina precisa estar sujeita a atualizações e reposicionamentos para analisar novos contextos e cenários em constante transformação. Algumas paisagens etnográficas, que escapam à *expertise* acadêmica, podem oferecer interessantes contribuições para ampliar o conhecimento sobre certos modos de vida e formas de organização nas sociedades contemporâneas.

Para isso, é necessário um fazer antropológico lapidado na interlocução e compromisso com atores sociais que também estão inseridos no centro do debate público. A construção reflexiva de diálogos com grupos e sujeitos das pesquisas, seja na prática realizada dentro ou fora da academia, é condição para a produção de um conhecimento que é, ele mesmo, tecido num conjunto de saberes, relações, interesses e intencionalidades. Discussão que apareceu com força na pesquisa sobre os danos aos bens imateriais na bacia do Rio Doce, onde os conflitos e disputas eram elementos constitutivos do contexto de produção da pesquisa e não podiam ser minimizados ou subtraídos. Há, portanto, uma dimensão política do fazer antropológico no Brasil, marcada por compromissos, responsabilidades e engajamentos que, por vezes, ultrapassam os espaços da prática científica. Antropólogos e antropólogas são, muitas vezes, convocados para debates sobre problemas sociais brasileiros e assim contribuir na elaboração de políticas públicas no país para as chamadas "minorias": indígenas, quilombolas, camponeses, sem terra, moradores de rua, segmento LGBTQIA+ etc.

A produção antropológica brasileira tem enfrentado muitos desafios diante de um contexto sociopolítico conservador, marcado por incertezas, rupturas e retrocessos em várias frentes, inclusive no que se refere à ciência e tecnologia. Em um cenário imprevisível que dificulta especulações sobre o futuro da disciplina, pode-se projetar, face às adversidades e dilemas que se apresentam, um fazer antropológico que enfrentará uma conjuntura acadêmica com cortes orçamentários e redução do financiamento às atividades de pesquisa. Desafios que impactam a inserção profissional de antropólogos e antropólogas em um mercado de trabalho ainda muito circunscrito para uma disciplina carente de regulamentação da profissionalização ou mesmo de reconhecimento formal como profissão.

Por isso, deve-se problematizar a produção desses profissionais, visto que o ofício extramuros ainda é pouco contemplado pelas estruturas curriculares, que enfatizam uma formação para o trabalho acadêmico, como já tinha avaliado Simoni Guedes (2010: 88), ao apontar que "em geral, formamos mal nossos antropólogos para as demandas do mercado [...]". Além dos conteúdos teóricos e temáticos vistos no capítulo 4, a formação passa também por disciplinas de métodos e técnicas de pesquisa que qualifiquem profissionais a realizarem boas etnografias, sejam elas acadêmicas ou extramuros.

Esta e outras questões permeiam os processos e protocolos das pesquisas coletivas apresentadas ao longo deste capítulo para refletir sobre algumas formas possíveis de fazer antropológico em um cenário profissional em constante transformação. A realização de experimentos como estes, que ampliam as iniciativas de grupos e núcleos sediados nas universidades, pode estimular o desenvolvimento de novas pesquisas e a construção de pontes entre diferentes experiências de atuação, superando uma dicotomia, apenas aparente e sem fronteiras rígidas, que separa trajetórias acadêmicas daquelas trilhadas nos espaços extramuros.

Considerações finais

Este livro começou com a referência a um autor da antiguidade clássica ocidental, o historiador grego Heródoto de Halicarnasso e a designação empregada – *bárbaros* – no encontro com aqueles que não falavam sua língua, tinham hábitos e crenças estranhos à sua cultura.

Por que não concluir com outra tradição, desta vez de uma cosmologia oriental? No subitem "A escolha dos instrumentos" (capítulo IV, da segunda parte), surgiu, *en passant*, uma referência à obra *Mente zen, mente de principiante* de Shunryu Suzuki, a propósito da reflexão que estávamos fazendo sobre a atitude do antropólogo em ouvir o *Outro* – escutá-lo, aprender com ele – e não classificá-lo como *bárbaro* ou outro termo com conotação desse tipo para expressar diferenças.

No livro *Da periferia ao centro: trajetórias de Antropologia Urbana* (MAGNANI, 2012) há uma passagem de outro autor dessa tradição, o professor de Filosofia da Universidade de Kioto, Daisetz Teitaro Suzuki, na qual descreve um dos tantos episódios que ocorrem na formação dos iniciados: trata-se da experiência do *satori* – estado de iluminação da mente que desperta e que adquire uma nova forma de percepção.

Um deles é o caso de Kyogen, praticante que, após muitos anos de estudo e meditação atinge o estado de iluminação quando, no decorrer de uma das incontáveis vezes em que varria o pátio do mosteiro, é surpreendido pelo ruído do pedregulho projetado pela vassoura contra a haste de um bambu: ploct! Aquele som foi o fator inesperado que fez sua mente despertar para a resolução do *koan* – uma espécie de enigma, afirmação paradoxal que os mestres propõem a seus discípulos como treinamento – e que tem como consequência um novo entendimento da natureza das coisas, até então percebidas segundo o padrão habitual.

Não foi, porém, um acontecimento sobrenatural: nem o bambu nem a pedra tinham qualquer qualidade intrínseca e misteriosa para provocar o inesperado *insight*; este foi produzido em virtude da predisposição e de um processo anterior de atenção contínua do jovem monge voltada, dia e noite, para o deciframento do *koan*. Aquela simples ocorrência funcionou como um gatilho que desencadeou a ruptura e levou ao consequente reordenamento da mente, agora capaz de ver as coisas a partir de uma nova perspectiva (SUZUKI, 1993: 116).

Como não relacionar essa prática com a experiência "reveladora", na pesquisa antropológica? Também neste caso, tal experiência – seja em virtude de algum acontecimento, trivial ou não – só se produz porque antecedida da cuidadosa preparação como foi desenvolvida no texto e, em seguida, pela presença e imersão com o estilo "modo campo", atentas a detalhes mesmo aos aparentemente pouco relevantes. Ou como na pesquisa com os surdos, no momento da escrita, da passagem a limpo no relato de campo das observações feitas no calor da pesquisa, como também foi mostrado.

Uma nova aproximação também pode ser feita, em outro domínio, a biologia marinha. O relato de Mauricio Cantor, professor na *Oregon State University*, em uma de suas primeiras pesquisas de campo (ou mar), com baleias em Santa Catarina, deu a pista. Apesar da aparente diferença, um ponto havia em comum entre seu estudo e a Antropologia: o "sistema social" das baleias (e.g. CANTOR et al., 2015). Contava-me ele, então, que, sentado no alto de uma colina na Praia da Silveira, Garopaba, prancheta na mão, observava e registrava o ritmo de aparecimento e submersão de um grupo de baleias-franca: ora aqui, ora acolá; às vezes em grandes intervalos de tempo e outras, mais seguidinhas... E, principalmente, onde elas queriam, individualmente ou em grupo e não de onde Maurício pensava que iam emergir.

A partir desse relato, ocorreu-me uma semelhança com a formação do antropólogo, nas leituras para construir o quadro teórico de sua pesquisa: seja dos clássicos – James Frazer, Bronislaw Malinowski, Radcliffe-Brown, Ruth Benedict, Claude Lévi-Strauss – ou dos contemporâneos – Roy Wagner, Tim Ingold, Donna Haraway, Marilyn Strathern. Vai-se lendo e, de repente, surge um imenso parágrafo, ininteligível. A tentação é respirar fundo, reler, tentar outra vez e mais outra... para no fim fechar o livro, tomar um café, deixar para amanhã, ler uma tirinha da Mafalda do Quino ou da Mônica de outro Maurício.

Mas é aí que entram as baleias: surgem quando e onde querem. A saída é continuar lendo, mais adiante o texto pode brindar uma passagem mais legível... mas de repente emerge outra, do nada, mais confusa ainda e assim por diante, alternando. Numa nova leitura do livro, aqueles trechos específicos se tornam claros: o autor explicou de novo, uma nota de rodapé esclareceu: é que a baleia resolveu surgir e lançar seu borrifo aqui, agora...

Se inicialmente a metáfora era para a leitura, pode ser estendida para a própria pesquisa de campo: todo antropólogo sabe que é preciso ir uma, duas, inúmeras vezes a campo – na parte da manhã, de tarde, à noitinha; nos dias de semana, no sábado. Nunca se sabe quando surge o *insight*: é o que se aprende com as baleias.

Com estas duas aproximações, talvez um tanto inusitadas de se estar atento para o *Outro* (humano ou não humano), *Etnografias urbanas: quando o campo é a cidade* conclui sua contribuição sobre o papel da Antropologia nas incursões pela dinâmica urbana. Seguindo um dos seus modos de operar, o apresentado neste livro, o pesquisador entra em contato com o universo de seus interlocutores não para explicar ou mesmo interpretar, de um determinado ponto de vista, a lógica de sua visão de mundo, mas "para segui-los até onde seja possível e, numa relação de troca, contrastar suas próprias teorias com as deles e assim tentar sair com um modelo novo de entendimento", como afirmado e reiterado ao longo do texto.

José Guilherme Cantor Magnani
São Paulo, dezembro de 2022.

Posfácio
Dos dilemas de compreender o que é e como se faz etnografia

Alexandre Barbosa Pereira
Professor do Departamento de Ciências Sociais da Universidade Federal de São Paulo (Unifesp)

Nada mais difícil do que construir um manual de etnografia. Na história da Antropologia, há algumas tentativas como a do Royal Anthropological Institute of Great Britain and Ireland[77] e o *Manual de Etnografia* de Marcel Mauss (1947). No entanto, apesar das dificuldades, alguns textos tornaram-se presença constante em cursos e artigos sobre etnografia. Um desses é o clássico Apêndice IV "Algumas reminiscências sobre o trabalho de campo" no livro *Bruxaria, oráculos e magia entre os Azande*, Evans-Pritchard (2005). Neste curto texto, o autor trabalha com a ideia de que haveria uma grande dificuldade para os antropólogos definirem o seu próprio trabalho de campo. Assim, ele

---

77. O Royal Anthropological Institute of Great Britain and Ireland editou pela primeira vez o *Notes and Queries on Anthropology* em 1892. No Brasil, ele foi traduzido como *Guia prático de Antropologia*. Como bem aponta Sáez (2013), manuais desse tipo costumam envelhecer mal.

descreve sua conversa com pesquisadores mais experientes sobre como conduzir o seu trabalho de campo. Contudo, o que ouve são apenas os problemas que deveria evitar e não, necessariamente, sobre o que poderia efetivamente ser feito. Até que recebe o conselho mais crucial, de Bronislaw Malinowski, logo aquele que é reconhecido como o fundador/precursor da etnografia na Antropologia, para não agir como um maldito idiota, que assim tudo correria bem. Evans-Pritchard (2005: 243), então, afirma: "Como veem, não há uma resposta única – muito depende do pesquisador, da sociedade que ele estuda e das condições em que tem de fazê-lo".

Em outras palavras, orientações para a realização de uma etnografia consistem muito mais em exemplos do que não fazer, do que efetivamente em um guia sobre como realizar uma etnografia bem-sucedida. Conclui-se, assim, o quão difícil é redigir um manual de etnografia. Na maioria dos casos, o que se chega é a um antimanual, como o que Evans-Pritchard ensaia. Ou ainda, mais recentemente, há a abordagem de Oscar Calavia Sáez (2013), docente da Universidade Federal de Santa Catarina, que redige um manual de Antropologia bastante criativo, e com um teor de antimanual, disponibilizado gratuitamente, *on-line*, denominada por ele próprio como *sui generis*. Em tom bem-humorado, o autor afirma que mais do que como fazer uma pesquisa, assumindo que se recusa a emitir receitas, tenta demonstrar como sobreviver à pesquisa. O texto é elaborado a partir de dúvidas já levantadas por seus alunos e orientandos, sobre o fazer antropológico.

Por todo esse panorama, os desafios para um manual de etnografia urbana mostram-se ainda maiores. Mariza Corrêa (2011) afirma, por exemplo, que, nos anos de 1970, no Brasil, era muito comum a ideia de que a antropologia acabava quando se começava o asfalto. Ou seja, que a antropologia que não feita em contextos tradicionais para a disciplina seria menos antropologia. Segundo essa percepção, quem fosse para o mato seria verdadeiramente antropólogo, em comparação a quem ficava no asfalto. Essa contestação à validade da etnografia realizada em contexto urbano ocorreria nesse período, apesar de a etnografia em contextos urbanos já ser realizada desde o início do século XX pela Escola de Chicago, quase que concomitante à pesquisa de Malinowski, considerada fundadora da etnografia como a conhecemos, como demonstra José Guilherme Magnani (2012) tentando afastar a ideia de que a Antropologia Urbana seria um ramo tardio da Antropologia.

Magnani (1996), aliás, é um dos nomes da Antropologia brasileira a defender a importância da Antropologia Urbana que toma a cidade como campo de pesquisa etnográfica. Por isso, a importância deste livro que traz um acúmulo de experimentos de etnografia urbana, realizadas no âmbito do Laboratório do Núcleo de Antropologia Urbana da Universidade de São Paulo (LabNAU/USP) – especialmente por uma das equipes vinculadas ao núcleo, a *Argonautas-Pesquisa Etnográfica* –, sob coordenação justamente de Magnani. Nesse sentido, os experimentos de etnografia urbana descritos nesta obra remetem às muitas maneiras de tomar a cidade, em especial a metrópole, como campo de pesquisa, conforme a longa e importante trajetória de Magnani no campo da Antropologia Urbana e à frente do LabNAU.

Cabe neste fechamento, portanto, não apenas saudar a importante iniciativa, mas também discutir um pouco mais sobre os desafios do trabalho etnográfico, bem como as dificuldades de se construir um manual para algo que não há sequer consenso sobre o que se trata. Afinal, a etnografia seria um método, uma técnica ou uma teoria? Pode-se partir de uma definição inicial do que seria uma etnografia como uma forma de interação das biografias e perspectivas de quem pesquisa com as biografias e perspectivas das pessoas pesquisadas.

As interações entre essas biografias e perspectivas são, contudo, corporificadas, como demonstra Silvana Nascimento (2019), marcadas pelas representações de sexo, gênero, raça e classe social, entre outras, de ambas as partes. Por outro lado, essas interações são também o resultado das relações de poder que regulam o contexto pesquisado e dos cálculos e escolhas de quem conduz a investigação, como o é o caso de Karina Biondi (2010), que realiza sua pesquisa sobre o PCC a partir de sua condição de visita a um Centro de Detenção Provisória de São Paulo; e de Loïc Wacquant (2002), que, na sua condição de homem, ainda que branco, aproveita-se de sua corporeidade para inserir--se em uma academia de boxe, com um duplo propósito, estudar o boxe e inserir-se em um gueto negro nos Estados Unidos, a fim de estudá-lo.

Com isso, uma premissa para a etnografia é a de que não se pode saber de antemão por quais caminhos ela seguirá, nem se será bem-sucedida, pois tudo depende fundamentalmente de como será conduzido esse processo relacional, que é biográfico e profundamente corporificado. Não há, portanto, receita de sucesso. E nem precisa haver, porque a etnografia talvez seja a metodologia cujo fracasso é componente fundamental e, possivelmente, até o mais importante para o resultado final da pesquisa. O fracasso ensina-nos mais sobre o que é uma pesquisa etnográfica e sobre como conduzi-la do que o sucesso.

O que deveríamos tomar como pressuposto, portanto, quando se trata do trabalho etnográfico, é o de que a principal receita para se partir em direção a uma etnografia bem-sucedida consiste em levarmos sempre em consideração que não há receita alguma. Não há nenhuma fórmula possível ou válida para uma etnografia. Além disso, a questão fundamental parece não ser a de como se realizar uma etnografia, mas sim a de compreender o porquê de se realizar uma etnografia. Ela é absolutamente necessária? Se sim, estamos dispostos a levar até as últimas consequências a experiência relacional que ela proporciona, seguindo os atores sociais e os levando a sério?

Assim, chegamos a outra conclusão possível, a de que não há um modo único de realizar uma etnografia, independentemente de qual seja o campo de pesquisa ou de quem são as pessoas com quem vamos interagir e dialogar em campo. Isto porque a etnografia é justamente o resultado desse encontro intersubjetivo. A pesquisa assume, portanto, configurações diferentes a partir de quem participa desse encontro e da disposição de ambos os lados em envolver-se nessa relação. Por isso que não há uma fórmula para a realização da etnografia, exatamente porque não se trata de uma técnica de pesquisa a ser aplicada. Dessa maneira, chegamos a outro importante ponto, o da discussão sobre se a etnografia seria um método, uma técnica de pesquisa ou um modo teórico de compreensão das relações intersubjetivas construídas em campo.

Há quem defenda que etnografia seja um método, no sentido de um caminho, ou via para se alcançar um conhecimento específico. Contudo, há discussões importantes que definem a etnografia como uma forma particular de produção de conhecimento, ou mesmo como uma teoria, cujo principal procedimento seria o de produzir um encontro entre a teoria vivida e a teoria social. Essa é a perspectiva defendida por Mariza Peirano (2006), ao afirmar que a teoria é inseparável da etnografia. Sendo assim, segundo essa autora, é por meio do encontro entre esse par, teoria e etnografia, que a Antropologia se renova. Da mesma maneira, para Laura Nader (2011), toda etnografia é, ao mesmo tempo, descrição e explicação, nunca é somente descrição. Por isso, segundo Nader, a etnografia poderia ser definida como uma teoria da descrição. Em texto intitulado, justamente *Etnografia não é método*, Mariza Peirano defende que a Antropologia está em constante reinvenção por todo antropólogo, pois cada um está sempre, a partir de sua própria pesquisa, repensando a disciplina. "A Antropologia é resultado de uma permanente recombinação intelectual" (PEIRANO, 2014: 381).

Assim, podemos nos aproximar de uma definição de etnografia que contemple a ideia de um artesanato intelectual, no sentido apontado por Wright Mills (2009). Por artesanato intelectual, Mills alude a uma relação imbricada entre a vida/a biografia do pesquisador e o seu trabalho acadêmico. Por esse motivo, qualquer tipo de rigidez excessiva ou engessamento desse trabalho já inviabilizaria o processo artesanal que permite a realização de uma etnografia criativa. Mills, aliás, apresenta alguns preceitos sobre essa modalidade de prática artesanal de pesquisa:

> Seja um bom artesão: evite todo conjunto rígido de procedimentos. Acima de tudo, procure desenvolver e usar a imaginação sociológica. Evite o fetichismo do método e técnica. Estimule a reabilitação do artesão intelectual despretensioso, e tente se tornar você mesmo o tal artesão. Deixe que cada homem seja seu próprio metodologista; deixe que cada homem seja seu próprio teorizador; deixe que teoria e método se tornem parte da prática de um ofício. Tome o partido do primado do estudioso individual; tome partido contra a ascendência de equipes de pesquisa formadas por técnicos. Seja uma mente independente na confrontação dos problemas do homem e da sociedade (MILLS, 2009: 56).

Seguindo os apontamentos de Mills e Peirano a respeito da pesquisa nas ciências sociais, pode-se afirmar, a partir de Paul Feyerabend (2007), que toda a rigidez metodológica ou formal minaria a criatividade, impedindo, assim, a renovação e a sofisticação da Antropologia, como proposto por Peirano (2006). Em outras palavras, o apego a uma concepção demasiadamente rígida na forma e na metodologia da pesquisa pode ser muito bom para a reprodução de artigos em massa, mas péssimo para a produção de novas descobertas, de novos *insights*, ou para se construir um conhecimento efetivamente inovador e relevante. Por isso, a importância do alerta de Wright Mills (2009) sobre o cuidado com as amarras do método, pois elas não apenas enrijecem como também prejudicam o trabalho criativo da pesquisa empírica. Afirma Feyerabend, aliás, que grande parte das principais inovações da ciência na história do Ocidente só foi possível quando alguns cientistas resolveram ir contra os métodos estabelecidos, seja por não se deixarem limitar por certas regras, seja por violá-las inadvertidamente.

Por outro lado, importante ressaltar que não se trata aqui da proposição de um abandono de qualquer perspectiva teórico-metodológica, mas sim de ressaltar que todas as metodologias, como também as teorias, têm suas limitações (FEYERABEND, 2007). O risco de sobrevalorizá-las é sempre o de se apaixonar pelos métodos e teorias, não sendo capaz de produzir nada de muito criativo e interessante, replicando apenas uma mesma reflexão teórica ou colocando em prática uma metodologia que pouco dialoga com a realidade social para a qual se volta. Em outras palavras, considerar alguns preceitos para a pesquisa são importantes. A questão, entretanto, é que não se deve transformá-los em fórmulas a serem aplicadas em campo, automática e irrefletidamente. No caso da etnografia, deve ser preciso, inclusive, se necessário, abandonar preceitos teórico-metodológicos, principalmente quando as relações constituídas em campo levam a pesquisa para outros caminhos.

Paul Willis (2000), em *The ethnographic imagination*, defende, aliás, que a etnografia seria uma metodologia teórica profana. Ele próprio identifica-se como uma espécie de vândalo acadêmico, por ser muito pouco preocupado com ortodoxias teórico-metodológicas, embora faça a ressalva de que seria um bom vândalo e o mais disciplinado possível. Em outras palavras, o autor não se preocuparia em insistir em uma escolha teórico-metodológica apenas por convenção, se esta apresenta limitações para a pesquisa de campo. A noção de imaginação etnográfica, que dá título ao seu livro, faz alusão à noção de imaginação sociológica de Wright Mills (1975). Porém, afirma Willis que sua concepção de imaginação etnográfica vai além, pois aponta para um modo de se apreender a criatividade cotidiana de grupos e indivíduos, que atuam em seus domínios simbólicos e produzem o que denomina como uma poesia profana.

Conforme essa perspectiva, pode-se afirmar que é por meio da cultura cotidiana que se consegue chegar a certas minúcias da vida social e, inclusive, a dimensões que não necessariamente são ditas pelos atores sociais, mas encenadas por eles. A imaginação etnográfica, com o seu procedimento mais artesanal, seria a via privilegiada para alcançar esse resultado. Afinal, afirma Willis que:

> A etnografia é o buraco da agulha através do qual os fios da imaginação devem passar. A imaginação

é assim forçada a tentar ver o mundo em um grão de areia, o genoma social humano em uma única célula. A experiência e o cotidiano são o pão com manteiga da etnografia, mas são também o fundamento e a estaca de como teorias mais grandiosas devem ser testadas e se justificar. Elas não devem ser imagens autorreferenciadas, mas imagens fundamentadas (WILLIS, 2000: VIII; tradução minha).

Em outro texto, intitulado *Manifesto pela etnografia*, de Paul Willis em parceira com Matts Trondman (2008), os autores afirmam justamente a importância de se compreender que nesse empreendimento imaginativo e artesanal que configura a etnografia, toda teoria tem de ser teoria útil. Ou seja, a teoria deve ser mobilizada na etnografia na medida em que ela propicia possibilidades de conexão com a pesquisa realizada, deixando-se, inclusive, desestabilizar-se a partir das descobertas do campo empírico. Eles defendem que uma boa etnografia é aquela que permite o efeito: *AHA!* Ou seja, a que permite uma descoberta ou nova interpretação, que romperia com dicotomias ou perspectivas reducionistas, propiciando, assim, novas experiências ao leitor.

No entanto, alertam Willis e Trondman (2008) de que é preciso tomar cuidado para não incorrer na falsa percepção de que uma pesquisa sobre as minúcias do cotidiano deveria deixar os dados falarem por si próprios. Muito pelo contrário, os dados empíricos devem ser muito bem-informados teoricamente e, dessa maneira, promover uma relação de conexão mútua e constante entre teoria e pesquisa empírica. Trata-se, portanto, de não ter a mesma teoria ou referencial teórico como princípio, meio e fim da pesquisa, mas, sim, de refletir justamente por meio de um processo de teorização dinâmico e provocado pelo campo da pesquisa. Sobre esse ponto, José Machado Pais (2013: 118) alerta sobre "os usos perversos da teoria". Conforme Pais, a teoria não deve ser usada como um produto ou um credo. Em vez do uso acrítico e rígido das teorias, esse autor defende que o pesquisador deve ser sensível ao campo e às questões que a pesquisa revela.

Poderíamos pensar, portanto, em diálogo com a perspectiva de outro autor, Márcio Goldman (2006), em uma teoria etnográfica definida como aquela que não se confunde com a teoria nativa articulada à vida cotidiana, nem com a teoria científica, cuja imponência mais atrapalharia do que ajudaria no trabalho antropológico. Busca-se, assim, segundo Goldman, um meio-termo que não se reduz nem ao subjetivismo nem ao objetivismo. Nesse mesmo sentido, José Guilherme Magnani (2002) define a etnografia como o resultado do encontro das teorias que o antropólogo se prepara para ir ao campo, com as teorias vividas pelos interlocutores da pesquisa, sejam elas mais, ou menos reflexivas. Assim, afirma Magnani, de forma semelhante ao exposto por Goldman, a etnografia seria essa mediação que não se reduz nem às particularidades da vida cotidiana, nem às generalizações de uma teoria desconectada da experiência vivida.

> Em suma: a natureza da explicação pela via etnográfica tem como base um *insight* que permite

reorganizar dados percebidos como fragmentários, informações ainda dispersas, indícios soltos, num novo arranjo que não é mais o arranjo nativo (mas que parte dele, leva-o em conta, foi suscitado por ele) nem aquele com o qual o pesquisador iniciou a pesquisa. Este novo arranjo carrega as marcas de ambos: mais geral do que a explicação nativa, presa às particularidades de seu contexto, pode ser aplicado a outras ocorrências; no entanto, é mais denso que o esquema teórico inicial do pesquisador, pois tem agora como referente o "concreto vivido" (MAGNANI, 2002: 17).

A rigidez metodológica não permitiria essa reorganização dos dados e a chegada a esse *insight*, de que nos fala Magnani. Essa novidade a que se alcança por meio da etnografia, ou o efeito *AHA* apreendido em campo e transformado em escrita, conforme a discussão de Willis e Trondman (2008), não é nem simplesmente a replicação automática da teoria, nem a reprodução pura e simples do discurso do outro. Dessa maneira, portanto, o que se pretende aqui é deixar claro que não se trata de defender uma etnografia que não exija um rigor teórico-metodológico, muito pelo contrário, só se é possível alcançar uma boa etnografia quando se está muito bem embasado por discussões teóricas e, principalmente, inspirado por leituras de outras etnografias. Eu afirmaria, em um encontro parcial com algumas das reflexões de Tim Ingold (2015) sobre a relação entre Antropologia e etnografia[78], que, em grande

---

78. Tim Ingold (2015), no entanto, defende uma distinção maior entre a Antropologia e a etnografia, defendendo que a primeira não deveria se resumir à segunda.

medida, a etnografia começa já na sala de aula, nos cursos de Antropologia, embora não apenas neles, quando, justamente, lemos outras etnografias.

Trazendo Evans-Pritchard (2005) novamente à discussão, o etnógrafo deve sempre se guiar por uma teoria que lhe ajude a compreender melhor o fenômeno estudado, mas também saber seguir aquilo que descobre em relação com as pessoas, em seu estudo. Em suma, se não há manual ou fórmula para a proposição de uma etnografia, refletir sobre esse duplo movimento – de abandono da rigidez que não renuncia o rigor intelectual e de uma inclinação profunda para um diálogo que leva a sério o que o outro diz – é a melhor maneira de compreender como realizar uma etnografia criativa. Portanto, se definirmos a etnografia como uma relação intersubjetiva, como discute Fabian (2013), sempre estamos mudando a forma de fazê-la depender de quais são as subjetividades envolvidas na interação, de como essa relação se constitui, e de qual contexto se vivencia.

Expostos alguns dos muitos desafios que a experiência etnográfica coloca para os pesquisadores que nela resolvam se aventurar, cabe encerrar este posfácio louvando a iniciativa do LabNAU, cujo livro certamente será de grande valia para aqueles que também queiram se arriscar por aventura tão complexa, mas também tão recompensadora. De certa maneira, ainda que possa, em um primeiro momento, ser entendido como um manual, o livro desloca-se muito mais para a ideia de uma coletânea de experimentos etnográficos. Nele, a jornada proposta ganha sentido, ao começar apresentando-nos a trajetória da Antropologia urbana e seus desdobramentos no Brasil, para, então, enfocar as pesquisas urbanas realizadas no âmbito do LabNAU, destacando seus pressupostos metodológicos. Em sua segunda parte, aponta para aspectos mais pragmáticos do trabalho de um etnógrafo urbano: os preparativos com as leituras de outras etnografias e a educação da atenção, as contingências da observação participante e o desafiador trabalho de escrita. Por fim, em sua terceira parte, descobrimos o quanto a etnografia pode ter rendimentos outros para além dos muros acadêmicos, com a exposição de diferentes experimentos de pesquisa, em contextos variados, realizados pela equipe da *Argonautas – Pesquisa etnográfica*.

Portanto, ressaltadas todas as dificuldades de se realizar uma etnografia, a apresentação desses múltiplos experimentos etnográficos abre caminhos para que, ainda que profundamente orientada pela discussão antropológica, a etnografia possa ser um importante meio de se apreender novos sentidos para as pesquisas com políticas públicas, instituições e mesmo no próprio campo da educação, entre outros espaços, dentro e fora dos limites da Antropologia. Da mesma forma, aponta-se para a perspectiva inovadora das etnografias coletivas ou compartilhadas. Certamente, os leitores, da área da Antropologia ou de outras áreas acadêmicas, não conseguirão replicar os experimentos como foram apresentados, mas terão uma ideia de quais são os caminhos epistemológicos a se percorrer a fim de constituir uma pesquisa etnográfica própria para o seu contexto de estudo. O que se pode encontrar neste livro não seria, portanto, necessariamente, um manual, mas uma inspiração para refletir sobre as potencialidades e limites da etnografia, como método e/ou uma forma específica de produção de conhecimento, que se articula a partir do encontro das perspectivas teóricas do pesquisador com as perspectivas teóricas dos interlocutores da pesquisa.

Referências

AMOROSO, M.; MENDES DOS SANTOS, G. (org.). *Paisagens ameríndias: lugares, circuitos e modos de vida na Amazônia*. São Paulo: Terceiro Nome, 2013.

ANDERSON, N. *The hobo: The sociology of the homeless man*. Chicago: The University of Chicago Press, 1923.

ANDRADE, J.A.A.D. *Indigenização da cidade – Etnografia do circuito Sateré-Mawé em Manaus-AM e arredores*. 192 f. Dissertação de mestrado. São Paulo: USP, 2012.

ANDRADE, J.A.A.D. *"Tudo pra onde eu chego eu tenho minha casa" – Mobilidade, parentesco e territorialidade Sateré-Mawé entre cidades amazônicas*. 436 f. Tese de doutorado. São Paulo: USP, 2018.

AUGÉ, M. *Não lugares: introdução a uma Antropologia da supermodernidade*. Campinas: Papirus, 1994.

BARBOSA, A. *São Paulo, cidade azul*. São Paulo: Alameda, 2012.

BARBOSA, V.L.E. "Não extrativismo" epistêmico: desafios à investigação científica crítica. *Antropolítica – Revista Contemporânea de Antropologia*, n. 44, 02/04/2019.

BARRETO, J.P.L. *WaiMahsã: peixes e humanos, um ensaio de antropologia indígena*. Dissertação de mestrado. Manaus: Universidade Federal do Amazonas, 2013.

BARRETO, J.P. *Kumuã na kahtiroti-ukuse: uma "teoria sobre o corpo e o conhecimento prático dos especialistas indígenas do Alto Rio Negro"*. PPGAS/UFAM, 2021.

BATESON, G.; MEAD, M. *Balinese Character – A Photographic Analysis*. Nova York: The New York Academy of Sciences, 1942.

BENITES, L.F.R. Cultura e reversibilidade: breve reflexão sobre a abordagem "inventiva" de Roy Wagner. *Revista Campos*, v. 8, n. 2, 2007, p. 117-130.

BIONDI, K. *Junto e misturado: uma etnografia do PCC*. São Paulo: Terceiro Nome, 2010.

BOTTON, F. *"Roubamos sem dar um tiro": uma etnografia de grupos de fraudadores no espaço virtual*. 68 p. Dissertação de Mestrado. PPGAS/USP, 2022. Apud *Caderno de Desenvolvimento Humano sobre Escolas Ativas no Brasil*. Pnud: Inep, 2016 [Disponível em https://www.undp.org/content/dam/brazil/docs/publicacoes/pessoas/caderno-de-desenvolvimento-humano-sobre-as-escolas-ativas-no-brasil.pdf].

CALDEIRA, T. *A política dos outros – O cotidiano dos moradores da periferia e o que pensam do poder e dos poderosos*. São Paulo: Brasiliense, 1984.

CALVINO, Í. *As cidades invisíveis*. São Paulo: Companhia das Letras, [1972] 2017.

CANDIDO, A. *Os parceiros do Rio Bonito*. Rio de Janeiro: José Olympio, 1964 [Coleção Documentos Brasileiros].

CANTOR, M.; SHOEMAKER, L.G.; CABRAL, R.B.; FLORES, C.O.; VARGA, M.; WHITEHEAD, H. Multilevel animal societie scan emerge from cultural transmission. *Nature Commnications*, 6 (1), 8.091, 2015 [Disponível em https://doi.org/10.1038/ncomms9091].

CARDOSO, R. Organização familiar entre os japoneses de São Paulo. *Revista do Museu Paulista*, Nova Série, v. IV, 1965.

CARDOSO, R. Movimentos sociais na América Latina. *RBCS*, v. I, n. 3, 1987.

CARDOSO, R. Aventuras de antropólogos em campo ou como escapar das armadilhas do método [1986]. In: CALDERA, T. (org.). *Ruth Cardoso – Obra Completa*. São Paulo: Mameluco, 2011.

CARDOSO, R. (org.). *A aventura antropológica: teoria e pesquisa*. São Paulo: Paz e Terra, 2004 [1986].

CARRITHERS, M. Fieldwork. In: BARNARD, A.; SPENCER, J. (orgs.). *Encyclopedia of social and cultural anthropology*. Londres: Routledge, 1996.

CARVALHO, J.J. O olhar etnográfico e a voz subalterna. *Horizontes Antropológicos* [on-line], v. 7, n. 15, p. 107-147 [Disponível em em https://doi.org/10.1590/S0104-71832001000100005 – Acesso em 13/04/2011 • ePUB 22/09/2005 – ISSN 1806-9983].

CEZAR, L.S. Filme etnográfico por David MacDougall. *Cadernos de Campo*, 16 (16), 2007, p. 179-188 [Disponível em https://doi.org/10.11606/issn.2316-9133.v16i16p179-188].

CHIESA, L.B. Poetry slam: a cura de ser quem somos. *Relatório de Iniciação Científica*. DA/FFLCH/USP, 2022.

CHIQUETTO, R.V. *A cidade do futebol – Etnografia sobre a prática futebolística na metrópole manauara*. 209 f. Dissertação de mestrado. São Paulo: USP, 2014.

CLIFFORD, J. *A experiência etnográfica: antropologia e literatura no século XX*. 1. reimp. Rio de Janeiro: UFRJ, 2002.

CORRÊA, M. *História da Antropologia no Brasil: 1930-1960, testemunhos*. São Paulo/Campinas: Vértice/Unicamp, 1987.

CORRÊA, M. O mato & o asfalto: campos da antropologia no Brasil. *Sociologia & Antropologia*, Rio de Janeiro, v. 1, n. 1, p. 209-229, 2011.

CRESSEY, P.G. *The Taxi-Dance Hall: A Sociological Study of Commercialized Recreation and City Life*. Chicago: Univiversity of Chicago Press, 1932.

CUNHA; FERRAZ; HIKIJI. O vídeo e o encontro etnográfico. *Cadernos de Campo*, São Paulo, v. 14-15, 2006, p. 287-298.

DAMATTA, R. *Carnavais, malandros e heróis*. Rio de Janeiro: Zahar, 1979.

DAMATTA, R. O ofício do etnólogo ou como ter "anthropological blues". In: NUNES, E. (org.). *A aventura sociológica*. Rio de Janeiro: Zahar, [1974] 1981.

DE CERTEAU, M. *A invenção do cotidiano – Artes de fazer*. Petrópolis: Vozes, 1994.

DOUGLAS, M. *Pureza e perigo*. São Paulo: Perspectiva, [1966] 1976.

DULLEY, I. *Os nomes dos Outros*. São Paulo: Humanitas/Fapesp, 2015.

DURHAM, E. Mobilidade do imigrante italiano na zona rural. *Revista do Museu Paulista*, Nova Série, v. XIV, 1965.

DURHAM, E. *A caminho da cidade – A vida rural e a migração para São Paulo*. São Paulo: Perspectiva, 1973.

DURHAM, E. A pesquisa antropológica com populações urbanas: problemas e perspectivas. In: CARDOSO, R. *A Aventura antropológica: teoria e pesquisa*, 2004 [1986], p. 17-37.

DURHAM, E.R. Educação superior, pública e privada (1808-2000). In: SCHWARTZMAN, S.; BROCK, C. (orgs.). *Os desafios da educação no Brasil*. Rio de Janeiro: Nova Fronteira, 2005.

DURKHEIM, É. *De la división del trabajo social*. Buenos Aires: Shapire, [1893] 1973.

ECKERT, C.; ROCHA, A.L.C. Etnografia: saberes e práticas. *Revista Iluminuras*, v. 9, n. 21, 2008 [Disponível em http://seer.ufrgs.br/index.php/iluminuras/article/view/9301/5371].

ERIKSEN, T.H.; NIELSEN, F.S. *História da antropologia*. Petrópolis: Vozes, 2007.

EVANS-PRITCHARD, E.E. *Os Nuer*. São Paulo: Perspectiva, [1940] 1978.

EVANS-PRITCHARD, E.E. *Bruxaria, oráculos e magia entre os Azande*. Rio de Janeiro: Zahar, 2005 [1940].

FABIAN, J. *O tempo e o outro: como a antropologia estabelece seu objeto*. Petrópolis: Vozes, 2013.

FAVRET-SAADA, J. Ser afetado [1991]. Trad. Paula Siqueira. *Cadernos de Campo*, São Paulo, v. 13, n. 13, 2005, p. 155-161.

FEYERABEND, P. *Contra o método*. São Paulo: Unesp, 2007.

FIORI, A.L. *Conexões da interculturalidade: cidades, educação, política e festas entre Sateré-Mawé do Baixo Amazonas*. 489 f. Tese de doutorado. São Paulo: USP, 2018.

FISCHER, M. Etnografia renovável: seixos etnográficos e labirintos no caminho da teoria. *Horizontes Antropológicos*, v. 15, n. 32, p. 23-52, 2009 [Disponível em http://www.scielo.br/scielo.php?script=sci_arttext&pid=S0104-71832009000200002].

FONSECA, C. *Família, fofoca e honra – Etnografia de relações de gênero e violência em grupos populares*. 2. ed. Porto Alegre: UFRGS, 2004a.

FONSECA, C. "Antropólogos para quê? – O campo de atuação profissional na virada do milênio". In: TRAJANO FILHO, W.; RIBEIRO, G.L. (orgs.). *O campo da antropologia no Brasil*. Rio de Janeiro: Contracapa/ABA, 2004b, p. 69-91.

FRAZER, J. *La Rama Dorada*. Cidade do México: Fondo de Cultura Económica, 1984 [1. ed. em inglês: 1890].

GEERTZ, C. *Works and lives – The anthropologist as author*. Standford: Standford University Press, 1988.

GEERTZ, C. *O saber local – Novos ensaios em antropologia interpretativa*. Petrópolis: Vozes, 2004 [1983].

GEERTZ, C. *A interpretação das culturas*. Rio de Janeiro: LTC, 2008 [1973].

GIUMBELLI, E. Para além do "trabalho de campo": reflexões supostamente malinowskianas. *Revista Brasileira de Ciências Sociais*, v. 17, n. 48, 2002.

GLUCKMAN, M. Análise de uma situação social na Zululândia moderna. In: FELDMAN-BIANCO, B. (org.). *Antropologia das sociedades contemporâneas: métodos*. 2. ed. São Paulo: Unesp, 2010.

GOLDMAN, M. Jeanne Favret-Saada, os afetos, a etnografia. *Cadernos de Campo*, v. 13, n. 13, p. 149-153, 2005.

GOLDMAN, M. *Como funciona a democracia: uma teoria etnográfica da política*. Rio de Janeiro: 7 Letras, 2006.

GUEDES, S.L. A prática da antropologia e suas aplicações práticas: notas sobre ensino e pesquisa. In: GUEDES, S.L.; TAVARES, F.; CAROSO, C. (orgs.). *Experiências de ensino e prática em antropologia no Brasil*. Brasília: Ícone, 2010.

HANNERZ, U. *Exploración de la ciudad*. Cidade do México: Fondo de Cultura Económica, 1986.

INGOLD, T. *The Perception of the Environment: Essays on Livelihood, Dwelling and Skill*. Nova York: Routledge, 2000.

INGOLD, T. Antropologia não é etnografia. In: INGOLD, T. *Estar vivo: ensaios sobre movimento, conhecimento e descrição*. Petrópolis: Vozes, 2015, p. 122-146.

INGOLD, T. Chega de etnografia: a educação da atenção como propósito da antropologia. *Educação*, v. 39, n. 3, 2016.

IPHAN. *Educação patrimonial: Manual de aplicação – Programa Mais Educação/Instituto do Patrimônio Histórico e Artístico Nacional*. Brasília: Iphan/DAF/Cogedip/Ceduc, 2013.

INSTITUTOS LACTEC (Brasil). *Diagnóstico Socioambiental dos Danos Decorrentes do Rompimento da Barragem de Fundão na Bacia do Rio Doce e Região Costeira Adjacente*. Tomo V: Patrimônio cultural, bens imateriais. Curitiba: Lactec, 2020 [Disponível em http://www.mpf.mp.br/grandes-casos/caso-samarco/documentos/relatorios-lactec/tomo-v-patr imonio-cultural-bens-imateriais.pdf – Acesso em 30/04/2022].

JACOBS, J. *The Death and Life of Great American Cities*. Nova York: Vintage, 1992.

KANTOR, I.; MACIEL, D.; SIMÕES, J. *A Escola Livre de Sociologia e Política: anos de formação, 1933-1953*. São Paulo: Escuta, 2001.

KUPER, A. Anthropology. *The Social Science Encyclopedia*. Londres: Routledge, 1996.

LANDES, R. *A cidade das mulheres*. Rio de Janeiro: UFRJ, 2002.

LATOUR, B. Como terminar uma tese de sociologia: pequeno diálogo entre um aluno e seu professor (um tanto socrático). *Cadernos de Campo*, v. 15, n. 14-15, p. 339-352, 2006 [DOI: 10.11606/issn.2316-9133.v15i14-15p339-352 – Disponível em https://www.revistas.usp.br/cadernosdecampo/article/view/50121 – Acesso em 13/04/2022].

LEFEBVRE, H. *O direito à cidade*. São Paulo: Documentos, 1969.

LEITE, M. Texto visual e texto verbal. In: FELDMAN-BIANCO, B.; LEITE, M. (orgs.). *Desafios da imagem: fotografia, iconografia e vídeo nas Ciências Sociais*. Campinas: Papirus, 1998.

LÉVI-STRAUSS, C. Lugar da Antropologia nas Ciências Sociais e problemas colocados por seu ensino. *Antropologia Estrutural*. Rio de Janeiro: Tempo Brasileiro, 1991.

LÉVI-STRAUSS, C. *Tristes trópicos*. Trad. Rosa Freire d'Aguiar. São Paulo: Companhia das Letras, 1996 [1955].

MACHADO, G. *A cidade dos picos: a prática do* skate *e os desafios da citadinidade*. Tese de doutorado. PPGAS/USP, 2017.

MACHADO, G.M.C. Quando o centro é Itaquera: relatos de múltiplas copas. *Ponto.Urbe* [on-line], 15, 2014 [Disponível em http://journals.openedition.org/pontourbe/2403 – Acesso em 14/04/2011 – DOI: 10.4000/pontourbe.2403].

MAGNANI, J.G.C. *Festa no pedaço: cultura popular e lazer na cidade*. São Paulo: Brasiliense, 1984 (4ª edição, São Paulo: Hucitec, 2023).

MAGNANI, J.G.C. Quando o campo é a cidade. In: MAGNANI, J.G.C.; TORRES, L.L. (orgs.). *Na metrópole – Textos de Antropologia Urbana*. São Paulo: Edusp, 1996.

MAGNANI, J.G.C. O [velho e bom] caderno de campo. *Sexta-Feira*, São Paulo, n. 1, p. 8-11, 1997.

MAGNANI, J.G.C. De perto e de dentro: notas para uma etnografia urbana. *Revista Brasileira de Ciências Sociais*, São Paulo, v. 17, n. 49, 2002.

MAGNANI, J.G.C. (org.). *Expedição São Paulo 450 anos – Uma viagem por dentro da metrópole*. São Paulo: Secretaria de Cultura do Município de São Paulo/Instituto Florestan Fernandes, 2004.

MAGNANI, J.G.C. Santana de Parnaíba, memória e cotidiano. In: ABREU, R.; CHAGAS, M.S.; SANTOS, M.S. (orgs.). *Museus, coleções e patrimônios: narrativas polifônicas*. V. 3. Rio de Janeiro: Garamond Universitária, 2007, p. 283-323 [Coleção Museu, Memória e Cidadania (Demu/Iphan/MinC)].

MAGNANI, J.G.C. Vai ter música ?: para uma antropologia das festas juninas de surdos na cidade de São Paulo. *Ponto.Urbe – Revista do Núcleo de Antropologia Urbana da USP*, São Paulo, v. 1, n. 1, 2007.

MAGNANI, J.G.C. Etnografia como prática e experiência. *Horizontes Antropológicos* [on-line], v. 15, n. 32, 2009, p. 129-156 [Disponível em https://doi.org/10.1590/S0104-71832009000200006 – Acesso em 18/04/2022. • Epub 19/08/2011. • ISSN 1806-9983: https://doi.org/10.1590/S0104-71832009000200006].

MAGNANI, J.G.C. *Da periferia ao centro: trajetórias de pesquisa em Antropologia Urbana*. São Paulo: Terceiro Nome, 2012

MAGNANI, J.G.C. A antropologia, entre patrimônio e museus. *Ponto.Urbe* [on-line], 13, 2013 [URL: http://journals.openedition.org/pontourbe/680 • DOI: https://doi.org/10.4000/pontourbe.680].

MAGNANI, J.G.C. O circuito: proposta de delimitação da categoria. *Ponto.Urbe*, 15, 2014.

MAGNANI, J.G.C.; SOUZA, B.M. (orgs.). *Jovens na metrópole: etnografias de circuitos de lazer, encontro e sociabilidade*. São Paulo: Terceiro Nome, 2007.

MAGNANI, J.G.C.; SPAGGIARI, E. (orgs.). *Lazer de perto e de dentro: uma abordagem antropológica*. São Paulo: Sesc, 2018.

MALINOWSKI, B. *Argonautas do Pacífico Ocidental*. São Paulo: Abril, 1978 [1922].

MALINOWSKI, B. *Um diário no sentido estrito do termo*. Rio de Janeiro: Record, 1997 [1967].

MALUF, S. A antropologia reversa e "nós": alteridade e diferença. *Ilha – Revista de Antropologia*, 12 (1/2), p. 41-58, 2010.

MARCUS, G. Identidades passadas, presentes e emergentes: requisitos para etnografias sobre a modernidade no final do século XX em nível mundial. *Revista de Antropologia*, São Paulo, 1991.

MARCUS, G. Ethnography in/of the world system: the emergence of multi-sited ethnography. In: MARCUS, G.E. *Ethnography through Thick/Thin*. Princeton: Princeton University Press, 1998.

MARCUS, G.E.; FISCHER, M.J. Ethnography and interpretative anthropology. *Anthropology as cultural critique*. Chicago/Londres: The University of Chicago Press, 1986, p. 17-44.

MAURO, A.L.S.A. *Seguindo sementes: circuitos e trajetos do artesanato Sateré-Mawé entre cidade e aldeia.* Dissertação de mestrado. São Paulo: USP, 2015.

MAUSS, M. *Manuel d'ethnographie – Cours don-nés à l'Institut d'Ethnologie de l'Université de Paris.* Textos reunidos por M. Leiris e D. Paulme. Paris: Payot, 1947.

MAUSS, M. *Ensaios de Sociologia.* Petrópolis: Vozes, 2001.

MELLOR, J.R. *Sociologia Urbana.* Porto: Rés, 1984.

MERLEAU-PONTY, M. De Mauss a Claude Lévi-Strauss. *Textos selecionados.* São Paulo: Abril, 1984.

MILLS, C.W. *A imaginação sociológica.* Rio de Janeiro: Zahar, 1975.

MILLS, C.W. *Sobre o artesanato intelectual e outros ensaios.* Rio de Janeiro: Zahar, 2009.

MONTES, M.L. *Lazer e ideologia: a representação do social e do político na cultura popular.* Tese de doutorado. FFLCH/USP, 1983.

MORENO, E. Estupro em campo: reflexões de uma sobrevivente. *Cadernos de Campo*, São Paulo, v. 26, ano 26, n. 1, p. 235-265, 2017.

NADER, L. Ethnography as theory. *HAU – Journal of Ethnographic Theory*, v. 1, n. 1, p. 211-219, 2011.

NASCIMENTO, S. O corpo da antropóloga e os desafios da experiência próxima. *Revista de Antropologia/USP*, São Paulo, v. 62, n. 2, 2019.

NORA, P. *Les Lieuxs de mémoire.* Paris: Gallimard, 1984.

OLIVEIRA, K.E.; AMORIM, L. Os dilemas do ofício do antropólogo – Entrevista com Henyo T. Barretto Filho. In: FRANCH, M. et al. (orgs.). *Antropologia em novos campos de atuação: debates e tensões.* João Pessoa: Mídia, 2015, p. 301-314.

PAIS, J.M. O cotidiano e a prática da pesquisa artesanal. *Revista Brasileira de Sociologia*, Porto Alegre, v. 1, n. 1, p. 105-128, jan.-jul./2013.

PARK, R.E. A cidade: sugestões para a investigação do comportamento humano no meio urbano" [1925]. In: VELHO, O.G. (org.). *O fenômeno urbano*. 4. ed. Rio de Janeiro, [s.e.], 1999.

PEIRANO, M. *A favor da etnografia*. Rio de Janeiro: Relume Dumará, 1995.

PEIRANO, M. *A teoria vivida: e outros ensaios de antropologia*. Rio de Janeiro: Zahar, 2006.

PEIRANO, M. Etnografia não é método. *Horizontes Antropológicos*, Porto Alegre, ano 20, n. 42, p. 377-391, jul.-dez./2014.

PEREIRA, A.B. *Um rolê pela cidade de riscos: leituras da pixação em São Paulo*. São Carlos: EdUFSCar, 2018.

PEREIRA, A.B. Quando começa ou termina uma pesquisa: em defesa de um antimanual de etnografia. *Repocs – Revista Pós*, v. 19, n. 2, 2022, p. 307-328.

PETSCHELIES, E. *As redes da etnografia alemã no Brasil (1884-1929)*. Tese de doutorado. Campinas: Unicamp, 2019.

RAMOS, A. Os grandes problemas da antropologia brasileira. *Mana* [online], v. 21, n. 1, 2015 [1948], p. 195-212 [Disponível em https://doi.org/10.1590/0104-93132015v21n1p195 – Acesso em 12/04/2022].

REDFIELD, R. *Civilização e cultura de folk*. São Paulo: Martins, 1949.

RIBEIRO, D. *Diários índios – Os Urubus-Kaapor*. São Paulo: Companhia das Letras, 1996.

ROCHA, A.L.; ECKERT, C. *A preeminência da imagem e do imaginário nos jogos da memória coletiva em coleções etnográficas*. Brasília: ABA, 2015.

RYLE, G. *Concept of mind*. Londres/Nova York: Hutchinson's University Library, 1949.

SÁEZ, O.C. *Esse obscuro objeto de pesquisa: um manual de métodos, técnicas e teses em Antropologia*. Ilha de Santa Catarina/Florianópolis: Edição do Autor, 2013.

SALZMAN, P. Methodology. In: BARNARD, A.; SPENCER, J. (orgs.). *Encyclopedia of social and cultural anthropology*. Londres: Routledge, 1996.

SAMAIN, E. Balinese Character (re)visitado. In: ALVES, A. *Argonautas do mangue*. Campinas: Unicamp, 2004, p. 17-72.

SANTOS, C.N.; VOGEL, A. (orgs.). *Quando a rua vira casa – A apropriação de espaços coletivos em um centro de bairro*. São Paulo: Editores Associados/Ibam, 1985.

SCHWARCZ, L.M. *O espetáculo das raças – Cientistas, instituições e questão racial no Brasil, 1870-1930*. São Paulo: Companhia das Letras, 1993.

SILVA, G. (org.). *Antropologia extramuros*. Brasília: Paralelo 15, 2008.

SILVA, V.G. Nos bastidores da pesquisa de campo. Resenha de "Um diário no sentido estrito do termo". *Cadernos de Campo*, São Paulo, ano 8, n. 7, p. 239-242, 1997/1998.

SILVA, V.G. *O antropólogo e sua magia – Trabalho de campo e texto gráfico nas pesquisas antropológicas sobre religiões afro-brasileiras*. São Paulo: Edusp, 2000.

SIMMEL, G. A metrópole e a via mental. In: VELHO, O.G. *O fenômeno urbano*. Rio de Janeiro: Guanabara, [1902] 1987.

SPAGGIARI, E. *Tem que ter categoria: construção do saber futebolístico*. Dissertação de mestrado. São Paulo: USP, 265 f.

STOCKING JR., G.W. The ethnographer's magic: fieldwork in british anthropology from Tylor to Malinowski. In: STOCKING

JR., G.W. *The Ethnographer's magic and other essays.* Madison: The University of Wisconsin Press, 1992.

STOCKING JR., G.W. Prólogo: um precipício no tempo. *Cadernos de Campo,* 19 (19), 2010, 291-296.

STRATHERN, M. *O efeito etnográfico e outros ensaios.* São Paulo: Cosac Naify, 2014.

SUZUKI, D.T. *Introdução ao zen-budismo.* São Paulo: Pensamento, 1993.

SUZUKI, S. *Mente zen, mente de principiante.* São Paulo: Palas Atena, 2004.

TAMBUCCI, Y. *Rio a fora, cidade a dentro: transporte fluvial e modos de viver no Amazonas.* Dissertação de mestrado. São Paulo: Universidade de São Paulo, 2014.

TEIXEIRA, C.C. Egressos dos mestrados em Antropologia no Brasil (2004-2012). In: SIMIÃO, D.S.; FELDMAN-BIANCO, B. (orgs.). *O campo da antropologia no Brasil: retrospectiva, alcances e desafios.* Rio de Janeiro: Associação Brasileira de Antropologia, 2018.

THRASHER, F.M. *The Gang: A Study of 1,313 Gangs in Chicago.* Chicago: University of Chicago Press, 1927.

TOLEDO, L.H. *Remexer anotações: o trabalho de um arguidor antropólogo.* São Carlos: EdUFSCAR, 2019.

TÖNNIES, F. *Community and Society.* Nova York: Harper and Row, [1887] 1963 .

VEGA SANABRIA, G. A antropologia historicizada ou Os índios de Fenimore Cooper – "Clássicos" e "história" no ensino de antropologia no Brasil. *Mana,* v. 21, n. 3, 2015, p. 609-639.

VEGA SANABRIA, G.; DUARTE, L.F.D. O ensino de Antropologia e a formação de antropólogos no Brasil hoje: de tema primordial a campo (possível) de pesquisa (antropológica). *BIB – Revista Brasileira de Informação Bibliográfica em Ciên-*

cias Sociais, [s.l.], n. 90, 2019, p. 1-32 [Disponível em https://bibanpocs.emnuvens.com.br/revista/article/view/484 – Acesso em 12/04/2022].

VELHO, G. Observando o familiar. *Individualismo e cultura: notas para uma antropologia da sociedade contemporânea*. Rio de Janeiro: Zahar, 1987.

VELHO, O. Algumas considerações sobre o estado atual da antropologia no Brasil. *Antropolítica*, n. 1, jan.-jun./1995.

WACQUANT, L. *Corpo e alma: notas etnográficas de um aprendiz de boxe*. Rio de Janeiro: Relume Dumará, 2002.

WAGNER, R. *A invenção da cultura*. São Paulo: Cosac Naify, [1975] 2010.

WEBER, M. *Economia e sociedade*. Vol. 2. Brasília: UnB, 1999 [escrito entre 1911 e 1913 e publicado em 1920/1921].

WHYTE, W.F. *Street Corner Society*. Chicago: University of Chicago Press, 1943.

WILLIS, P. *The ethnographic imagination*. Malden: Blackwell, 2000.

WILLIS, P.; TRONDMAN, M. Manifesto pela etnografia. *Educação, Sociedade & Culturas*, Porto, n. 27, p. 211-220, 2008.

WIRTH, L. *The Ghetto*. Chicago: The University of Chicago Press, 1928.

WIRTH, L. O urbanismo como modo de vida. In: VELHO, O.G. (org.). *O fenômeno urbano*. Rio de Janeiro: Zahar, [1938] 1973.

WITTGENSTEIN, L. *Investigações filosóficas*. São Paulo: Abril [1953] 1975 [Coleção Os Pensadores].

YOUNG, M. *The ethnography of Malinowski – The Trobriand Islands 1915-1918*. Londres: RKP, 1979.

ZALUAR, A. *A máquina e a revolta: as organizações populares e o significado da pobreza*. São Paulo: Brasiliense, 1985.

ZHOURI, A.; OLIVEIRA, R. Conflitos entre desenvolvimento e meio ambiente no Brasil – Desafios para a antropologia e os antropólogos. In: FELDMAN-BIANCO, B. (org.). *Desafios da antropologia brasileira*. Brasília: ABA, 2013.

ZORBAUGH, H.W. *The Gold Coast and the Slum – A Sociological Study of Chicago's Near North Side*. Chicago: University of Chicago Press, 1929.

Conecte-se conosco:

f facebook.com/editoravozes

@editoravozes

@editora_vozes

youtube.com/editoravozes

+55 24 2233-9033

www.vozes.com.br

Conheça nossas lojas:
www.livrariavozes.com.br

Belo Horizonte – Brasília – Campinas – Cuiabá – Curitiba
Fortaleza – Juiz de Fora – Petrópolis – Recife – São Paulo

EDITORA VOZES LTDA.
Rua Frei Luís, 100 – Centro – Cep 25689-900 – Petrópolis, RJ
Tel.: (24) 2233-9000 – E-mail: vendas@vozes.com.br